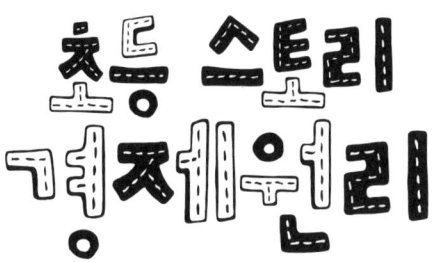

# 초등 스토리 경제원리

**초판 1쇄 발행** | 2013년 10월 18일

| | |
|---|---|
| 저 자 | 서지원 |
| 그 림 | 문지현 |
| 감 수 | 안재욱 |
| 발 행 인 | 김영희 |
| 발 행 처 | (주)FKI미디어 |
| 기획·마케팅 | 신현숙, 권두리 |
| 디 자 인 | 한동귀, 문강건, 이보림, 이현주, 이소영 |
| 편 집 | 민서영, 박지혜, 변호이 |
| 등록번호 | 13-860호 |
| 주 소 | 150-742 서울 영등포구 여의도동 27-2 |
| 전 화 | (출판콘텐츠팀) 02-3771-0434, (영업팀) 02-3771-0245 |
| 홈페이지 | http://www.fkimedia.co.kr |
| 팩 스 | 02-3771-0138 |
| E-mail | drkwon@fkimedia.co.kr |
| ISBN | 978-89-6374-061-4  73320 |
| 정 가 | 9,800원 |

- 낙장 및 파본 도서는 바꿔 드립니다.
- 이 책 내용의 전부 또는 일부를 재사용하려면 반드시 FKI미디어의 동의를 받아야 합니다.

이 도서의 국립중앙도서관 출판시도서목록(CIP)은 서지정보유통지원시스템 홈페이지(http://seoji.nl.go.kr)와 국가자료공동목록시스템(http://www.nl.go.kr/kolisnet)에서 이용하실 수 있습니다.(CIP제어번호: CIP2013019075)

## 감수의 글

**동화와 경제를 한 번에,
통합적 사고력이 쑥쑥 커지는 스토리 경제원리**

　경제학은 살아가는 데 꼭 필요한 학문입니다. 그런데 우리 생활 속에서 경제가 얼마나 중요한 역할을 하고 있는지 아는 사람은 많지 않은 것 같습니다. 경제라고 하면 일단 어렵게만 생각하지요. 아마도 생소한 용어와 난해한 그래프, 숫자들부터 떠올리기 때문인 것 같습니다. 그러나 경제학은 신문이나 TV, 책에서만 볼 수 있는 것은 아닙니다. 우리가 살아 숨 쉬고 생활하는 거의 모든 영역에서 경제의 원리가 작용하고 있습니다. 그리고 알고 보면 경제원리는 우리 삶을 아주 지혜롭고 풍요롭게 해주는 유용한 지식이고요.

　어른들만큼은 아니지만 어린이들도 자신들의 삶 속에서 종종 '선택'의 순간에 직면하게 됩니다. 사고 싶은 게 많지만 부모님이 주시는 용돈은 한정되어 있으니 그걸로 무엇을 사는 것이 더 좋을지 선택해야 하고, 또 하고 싶은 일이 많지만 자신에게 주어진 시간은 그리 많지 않으니 그 시간 안에 무엇을 하는 게 가장 효율적일지, 어떤 것부터 하는 게 좋을지 선택

을 해야 하지요. 바로 이렇게 부족한 것을 두고 효율적으로 사용하는 방법을 가르쳐 주는 것이 경제원리입니다. 경제의 원리에 맞게 현명한 선택을 한다면 돈이나 시간 등 자신에게 주어진 한정적인 환경과 조건 안에서 더 큰 만족을 얻고 일을 더 잘할 수 있게 됩니다. 이처럼 경제원리를 잘 알면 어린이들은 스스로 한정된 자원을 효율적으로 쓰고자 생각할 것이고, 그러는 과정에서 자연스럽게 자기주도적인 학습과 놀이를 하게 됩니다. 결국 스스로 목표를 이루는 데 큰 도움을 받게 되지요.

《초등 스토리 경제원리》는 어린이들에게 경제원리를 단순히 주입하는 것이 아니라 이야기를 통해 쉽고 재미있게 전달합니다. 먼저 친숙한 이야기를 들려주어 어린이들의 흥미를 유발하고 그 안에 숨겨진 경제원리를 찾아 설명해 줍니다. 무엇보다 어린이들은 이야기 속 주인공들이 처한 상황 속에서 어떻게 하면 합리적인 사고와 판단을 할 수 있는지 배울 수 있습니다. 시장은 어떻게 생겨났는지, 물건의 가격은 누가 어떻게 정하는지, 기업들은 왜 경쟁을 하는지, 무역은 왜 필요한지 등등 실생활에서 어린이들이 궁금해 할 경제 이야기가 담겨 있지요. 이런 이야기들을 통해 어린이들이 세상과 경제가 돌아가는 원리를 조금이나마 이해하고, 또 친숙하게

느낄 수 있다면 그것만으로도 충분한 가치가 있다고 생각합니다.

무엇보다, 불황이 오래 지속되면서 시장경제와 기업에 대한 왜곡된 인식이 널리 퍼져 있는 지금 시장경제의 원리를 올바로 이해하는 데 도움을 줄 수 있는 재미있는 책이 나와 반갑기 그지없습니다. 많은 어린이들이 이 책을 통해 경제의 즐거움과 지식을 얻는 동시에 올바른 경제관념을 가질 수 있으면 좋겠습니다.

2013년 10월

안재욱

**프롤로그**

## 세상에서 가장 맛있고 즐거우면서 꼭 필요한
## 경제 비타민

'경제' 하면 참 어려운 공부처럼 느껴지지요? 사회도 어려운데, 경제는 사회보다 더 어려운 것 같을 거예요. 경제는 시험을 치기 위해 배우는 것이라고 생각하는 친구도 있을 거예요. 그런데 여러분은 혹시 용돈을 다 써 버리고, 빈털터리가 돼 본 적이 있나요? 나에게 꼭 필요한 물건인지 아닌지, 가격이 비싼 건지 아닌지 판단을 잘못해서 돈을 낭비한 적은 없나요? 부자가 되려면 어떻게 해야 할지 궁금했던 적이 있나요?

경제를 왜 공부하냐고요? 경제는 이런 여러분의 고민을 해결해 준답니다. 경제는 사회 교과서에 나오는 딱딱한 공부가 아니라, 여러분의 생활에 꼭 필요한 공부예요. 경제 공부는 여러분에게 현명한 소비와 저축의 필요성을 깨닫게 해 줍니다. 경제를 정확하게 배우면, 돈을 어떻게 쓰고 관리해야 하는지, 올바른 경제생활은 어떤 것인지 깨닫게 됩니다. 또 나아가 우리가 먹고 입고 쓰는 모든 것들이 어떻게 만들어져 우리 손에 들어오는지, 세상이 흘러가는 이치도 이해할 수 있게 돼죠. 그래서 저는 경제를 비타민이라고 부

르고 싶어요. 비타민은 사람의 몸에 꼭 필요하지요. 비타민이 활기찬 에너지를 주듯이 경제 공부도 여러분의 인생에 꼭 필요해요.

솜씨가 좋은 어부는 물고기가 어디로 많이 몰려올지 미리 예측하고, 그곳에 배를 띄우고 그물을 치지요. 여러분이 경제원리를 익히고, 미래를 전망할 줄 안다면 솜씨 좋은 어부처럼 돈이 어디로 많이 몰릴지 알 수 있어요.

경제는 언제부터 배워야 하냐고요? 유치원생만 되어도 얼마든지 경제를 배울 수 있어요. 부모님과 쇼핑을 가서 물건을 사고파는 것을 보면서 경제를 배우고, 은행에 돈을 저축하고, 이자를 받는 것, 다시 돈을 찾는 것을 보고도 경제를 배울 수 있지요.

경제는 어렸을 때부터 정확하게 제대로 배워야 해요. 만약 잘못된 경제 지식을 갖게 되면 어른이 되었을 때 바로 잡기가 힘들어져요. '세 살 버릇 여든까지 간다'는 속담처럼 잘못된 경제 지식을 한 번 갖게 되면, 잘못된 경제 습관과 소비 습관으로 평생 동안 가난하거나 힘들게 살게 될지도 몰라요.

경제는 꼭 교과서로 학교에서만 배우냐고요? 아니요. 생활하면서 언제 어디서든 배울 수 있어요. 학교에서 바자회를 해 본 적이 있나요? 자신이 사용하던 물건을 얼마에 팔아야 금방 팔 수 있는지 스스로 생각해서 가격을 정하는 경험을 해봤을 거예요. 그것도 좋은 경제 공부 중 하나라고 할

수 있어요.

  이 책은 여러분이 꼭 알아야 할 경제원리를 재미있는 옛 이야기로 쉽게 풀어놓았어요. 시장이 왜 생겼는지, 돈은 왜 생겼는지, 세금은 왜 걷는지, 은행에 돈을 보관하면 은행에 돈 보관료를 내야 하는 게 아니라 은행이 오히려 왜 이자를 주는지 등에 대해 예를 들어 이야기해 주지요. 여러분에게 친근한 옛 이야기이기 때문에 더욱 쉽고 즐겁게 경제 공부를 할 수 있으리라 믿어요.

  이제 세상은 하나로 연결돼 있답니다. 여러분이 글로벌 리더가 되고 싶다면 경제를 공부하면서 경제로 세계가 하나로 연결돼 있다는 것을 깨달아야 해요. 이것이 바로 미래의 글로벌 리더가 갖춰야 할 마인드입니다. 경제를 공부하고, 꿈을 찾으세요. 세상은 깨닫는 자의 것입니다.

여러분의 친구
서지원

# 차례

감수의 글 _4
프롤로그 _7

## 좁쌀 한 톨로 장가가기
### 경제원리 01 좁쌀이 색시로 변하는 물물교환  12
- 시장은 어떻게 만들어졌을까요?
- 돈은 왜 생겼을까요?
- 사유재산권이란 무엇일까요?

## 잭과 콩나무
### 경제원리 02 황금 알의 가격  24
- 물건의 가격은 어떻게 정해질까요?
- 물건의 가격은 왜 오르는 걸까요?
- 물건 값을 규제하면 어떻게 되나요?

## 제주도 거상 김만덕
### 경제원리 03 만덕할망이 꾸린 기업  35
- 기업이란?
- 기업은 어떤 일을 할까요?
- 기업은 어떤 형태가 있을까요?

## 칠면조 파는 소년 록펠러
### 경제원리 04 록펠러가 보여준 기업가정신  45
- 이윤이란 무엇일까요?
- 비용이란 무엇일까요?
- 기업가정신은 어떤 것일까요?
- 기업가가 되고 싶다면?

## 돌부처에게 비단을 판 바보
### 경제원리 05 바보가 가 본 자유경쟁시장   56
- 기업들은 왜 경쟁을 할까요?
- 기업들은 어떻게 서로 경쟁을 할까요?
- 자유경쟁을 피하면 어떤 문제가 일어날까요?

## 냄새 값, 소리 값
### 경제원리 06 영감마님이 정한 이자율    66

- 이자와 이자율은 어떻게 정할까요?
- 저축과 투자는 왜 할까요?
- 주식이란 무엇일까요?

## 지혜로운 개구리 신부
### 경제원리 07 개구리 신부가 만든 공공재    75

- 외부효과란?
- 공공재는 무엇일까요?
- 공공재의 문제점은 무엇일까요?

## 어린 원님
### 경제원리 08 쌀 값을 잡은 원님의 규제    85

- 정부는 어떤 일을 할까요?
- 정부의 규제는 어떤 영향을 끼칠까요?
- 소득의 재분배를 위해 정부는 무슨 일을 할까요?

## 로빈 후드의 화살
### 경제원리 09 나라 살림에 필요한 세금    94

- 정부는 어떤 일을 할까요?
- 정부는 세금을 어디에 쓰나요?
- 물건 값에도 세금이 포함되어 있다고요?

## 소설 유토피아
### 경제원리 10 플랑드르의 수입과 수출    104

- 무역은 왜 하나요?
- 무역하는 나라들은 어떤 관계가 있을까요?

# 좁쌀 한 톨로 장가가기

옛날 어느 마을에 홀어머니를 모시고 사는 어수룩한 나무꾼이 살았어요. 나무꾼은 산에서 나무를 해다가 시장에 가서 필요한 물건을 구하고는 했지요. 나무랑 쌀을 맞바꾸기도 하고, 나무랑 생선을 맞바꾸기도 했답니다. 참, 이때만 하더라도 돈이라는 게 없었어요. 그래서 사람들은 자신에게 필요한 물건을 가지고 있는 사람을 찾아내어 자신이 가진 것과 맞바꾸어 살아야만 했지요.

그날도 나무꾼은 나무를 한 짐 해다가 시장으로 갔어요. 장터에는 온갖 것들을 맞바꾸려는 사람들로 북적거렸어요.

"내 생선이랑 쌀이랑 맞바꿀 사람!"

"여기 고기가 있소. 비단 가진 사람은 없소?"

"이 짚신이랑 옹기랑 바꿔 가시오!"

사람들은 저마다 들고 온 물건을 자기가 필요한 것과 맞바꾸려고 난리였어요. 나무꾼은 나무가 필요한 사람은 없는지 주위를 두리번거렸지요. 그런데 이날따라 나무를 팔러 나온 사람들이 왜 이리도 많은지! 쌀이 떨어졌다는 어머니의 말이 생각난 나무꾼은 쌀과 나무를 바꾸기 위해 쌀 가진 사람을 찾았어요. 나무꾼이 나무 한 짐과 쌀을 맞바꾸자고 하자, 옆에 있던 다른 나무꾼이 쫓아와서는 나무 두 짐과 쌀을 맞바꾸자고 하지 뭐예요.

쌀 한 보따리랑 나무 한 짐을 맞바꿀 것이냐, 아니면 쌀 한 보따리랑 나무 두 짐을 맞바꿀 것이냐. 쌀 주인은 고민할 것도 없이 나무 두 짐을 가진 사람에게 쌀을 내어 주었지요.

나무꾼은 이번에는 나무와 생선을 바꾸자는 사람을 만났어요. 나무꾼은 나무 한 짐이랑 생선 한 개를 맞바꾸려고 했어요. 그랬더니 이번에는 또 다른 나무꾼이 쫓아와서 나무 한 짐이랑 생선 반 토막을 맞바꾸자고 하는 거예요.

나무 한 짐이랑 생선 한 개랑 맞바꿀 것이냐, 아니면 나무 한 짐이랑 생선 반 토막이랑 맞바꿀 것이냐. 생선 주인은 고민할 것도 없이 나무 한 짐이랑 생선 반 토막을 맞바꿨지요. 이렇게 다른 나무꾼들보다 나무 한 짐이 비싸니 어쩔 수 있나요.

결국 나무꾼은 아무것도 구하지 못하고 나무를 짊어진 채 집으로 돌아가야만 했지요. 나무꾼이 터덜터덜 집으로 돌아가는 길의 일이예요.

갑자기 웬 할머니가 나무꾼을 붙잡지 뭐예요. 할머니는 땔감으로 쓸 나무가 필요하니 자기가 가진 물건이랑 나무 한 짐을 바꾸자고 했어요.

"좋아요, 할머니께서 가진 물건이 뭔데요?"

"좁쌀 한 톨이라네."

나무꾼은 망설였어요. 땀을 뻘뻘 흘려 해 온 나무 한 짐이랑 조그마한 좁쌀 한 톨을 맞바꾸는 게 탐탁지 않았던 거예요. 그러자 할머니는 자기가 가진 좁쌀은 그냥 좁쌀이 아니라고 했어요.

"이건 행운의 좁쌀이라네."

할머니는 그 좁쌀을 가지면 틀림없이 좋은 일이 생길 거라고 했어요. 할머니는 자식이 없어 산에 나무를 하러 갈 사람이 없다고 했어요. 결국

나무꾼은 할머니의 좁쌀 한 톨과 나무 한 짐을 맞바꾸었지요. 그러고서는 집으로 돌아가려는데 이게 웬 일인지. 평소에는 눈 감고도 가던 길인데, 그만 길을 잃어버리고 만 거예요. 밤이 깊어지자 사방은 캄캄해져서 더 막막하기만 했어요.

'이 일을 어쩌면 좋나' 하고 발을 동동 구르던 나무꾼은 저 멀리 불빛이 반짝이는 집 한 채를 발견했어요. 나무꾼은 냉큼 그 집으로 달려가 하룻밤만 묵어 갈 수 있게 해 달라고 사정했지요.

그랬더니 집 주인은 방에서 묵고 싶거든 방값이 될 만한 물건을 내놓으라는 거예요. 나무꾼은 방금 해 온 나무를 좁쌀과 맞바꾸고 말았으니 방값을 대신할 마땅한 물건이 없었지요.

"저…… 좁쌀 한 톨은 안 될까요?"

그랬더니 주인은 좁쌀 한 톨로는 방에서 재워 줄 수 없다며 딱 잘라 말하지 뭐예요. 하긴, 따듯하고 포근한 방을 하룻밤 내어주는 것인데, 겨우 좁쌀 한 톨로 대신 할 수 있을 리 없지요. 하는 수 없이 나무꾼은 헛간이라도 좋으니 어떻게든 잠을 재워 달라고 부탁했어요. 마지못해 집 주인은 나무꾼에게 헛간 한 쪽에서 잠을 자라고 일렀어요. 그런데 나무꾼이 자고 일어나 보니 주머니 속에 넣어두었던 좁쌀이 사라지고 없지 뭐예요.

"에구머니, 내 좁쌀이 없어졌네!"

나무꾼은 자신의 좁쌀을 못 봤냐며 울상을 지었어요.

"아무래도 우리 집 헛간에 사는 쥐가 좁쌀을 갉아 먹었나 보오."

좁쌀은 엄연히 나무꾼의 것인데 그것을 주인집에 사는 생쥐가 먹어버렸으니 주인이 갚아 주어야 하는 게 당연하지요.

"쥐가 먹어치운 좁쌀을 대신해서 우리 집 좁쌀을 내어 주면 좋겠지만, 지금 좁쌀이 한 톨도 없다오. 그러니 좁쌀을 먹어버린 이 쥐라도 가져가시오."

집 주인은 나무꾼에게 좁쌀 값으로 쥐를 잡아 주었어요. 나무꾼은 좁쌀 대신 쥐를 들고 터덜터덜 집으로 향했어요.

그런데 이상도 하지요. 틀림없이 집으로 가는 길이었는데, 걷고 보니 또 엉뚱한 곳이었어요. 결국 나무꾼은 길을 잃고 헤매다 밤이 되어 또 다른 낯선 집을 찾아가게 됐어요.

"밤이 늦어 그러니 하룻밤만 재워 주세요. 저…… 그런데 제가 가진 것이라곤 이 쥐밖에 없습니다."

나무꾼이 쥐를 보여 주자, 집 주인이 질색을 하며 외쳤어요.

"그런 건 필요 없으니 그냥 골방에서 주무시오!"

다행히 나무꾼은 구석진 골방에 누워 잠을 청할 수 있었어요. 그런데 다음 날, 자고 일어나 보니 쥐가 사라졌지 뭐예요.

"에구머니, 내 쥐가 사라졌네!"

나무꾼은 자기가 데려 온 쥐를 못 봤냐며 울상을 지었지요.

"아무래도 우리 집 고양이가 그 쥐를 잡아먹었나 보오."

집 주인은 쥐 값을 물어 주는 대신 고양이를 주겠다고 했어요. 나무꾼은 결국 쥐 대신 고양이를 들고 길을 갔지요.

그렇게 또 얼마나 갔을까요. 다리도 아프고, 목도 마르고……. 나무꾼은 근처 주막에 들러 물 한 모금을 얻어 마시기로 했어요. 주모는 나무꾼에게 친절하게 물을 내어 주었지요. 나무꾼이 주막 평상에 앉아 물을 마시려는데 갑자기 "야옹!" 하는 날카로운 고양이의 울음소리가 났어요. 놀란 나무꾼은 고양이를 찾아 두리번거렸지요.

"이 일을 어쩌면 좋아!"

글쎄, 외양간에 있던 나귀 한 마리가 뒷걸음질을 치다가 나무꾼의 고양이를 밟고 말았지 뭐예요. 그 바람에 고양이가 죽어버린 거예요. 나무꾼은 발을 동동 굴렀어요. 그 모습을 본 주막집 주모도 안절부절못했지요.

"하는 수 없지. 내가 죽은 고양이 값 대신 이 나귀를 주겠소. 데려 가시오."

주모는 나귀가 아까웠지만 어쩔 수 있나요. 고양이 값으로 얼마를 주어야 할지도 모르고 마땅히 대신 줄 물건도 없었어요. 그저 나귀와 맞바꾸는 수밖에 없었지요.

나무꾼은 주모가 내어 준 나귀를 끌고 집으로 가려고 했어요. 그런데 참말 이상한 일이지요. 가도 가도 집이 보이질 않는 거예요. 나무꾼은 나귀를 끌고 가다가, 올라탔다가, 또 내려서 끌고 가다가를 반복하며 하염없이 길을 걸었어요.

해가 뉘엿뉘엿 질 무렵이 되자, 나무꾼은 어

쩔 수 없이 근처에 보이는 집으로 들어가 하룻밤 묵어가게 해 달라고 부탁했어요. 나무꾼이 딱해 보였는지 집주인은 별말 없이 허락해 주었지요.

"우리 집 아랫방을 쓰시오. 나귀는 저기 헛간에다 두시구려."

"고맙습니다!"

나무꾼은 나귀를 헛간에 묶어 두고서 방에 들어가 잠을 청했지요. 그런데 한밤중에 요란한 소리가 났어요. 화들짝 놀란 나무꾼이 밖으로 나와 보니 헛간에 둔 나귀가 사라지고 없지 뭐예요.

"제 나귀는 어디 있소?"

나무꾼이 주인에게 물었더니, 주인은 우물쭈물 하면서 말했지요.

"실은 헛간의 소와 나귀가 서로 싸움이 났다오."

그 바람에 나귀가 헛간에서 도망쳤다는 거예요. 나무꾼이 이 일을 어쩌면 좋으냐고 묻자 주인은 나귀 값을 물어 주겠다고 했어요. 나귀는 나무꾼 것인데 주인 집 헛간에 묶어 두었다가 없어진 것이니 당연히 대신 갚아 주어야지요. 암, 그렇고말고요.

헌데 나귀 값으로 얼마를 주어야 적당한지 알 수가 없었어요. 주인이 가지고 있는 다른 물건들은 나무꾼이 필요한 물건도 아닌데다 다른 것을 구해 줄 수도 없었어요. 결국 주인은 나귀를 내쫓아 버린 소를 데려가라며 내어 주었지요.

"나귀랑 소를 맞바꾸자고요?"

"나귀 값만큼 어떤 물건을 주어야 할지 모르겠으니…… 어쩔 수 없잖소."

주인은 몹시 아까워하며 자신의 소를 내어 주었어요.

이튿날, 나무꾼은 소를 타고 타박타박 길을 떠났어요. 그런데 간밤에 잠을 제대로 못 잔 탓인지 자꾸 졸음이 쏟아지지 뭐예요. 나무꾼은 소 등에 앉은 채로 꾸벅꾸벅 졸고 말았어요. 그렇게 얼마나 갔을까요. 나무꾼이 눈을 떠 보니 생전 처음 보는 곳에 와 있지 뭐예요. 그곳은 사람들로 북적이는 다른 마을의 장터였어요. 나무꾼은 소를 장터 한쪽 구석에다 묶어 놓고 이것저것 구경을 했어요.

그런데 한참 만에 소를 묶어 두었던 자리로 돌아와 보니 나무꾼의 소가 사라지고 없는 거예요. 나무꾼은 소를 찾아서 이리저리 두리번거렸지요.

그때 한 잔칫집에서 지글지글 고기 굽는 냄새가 나지 뭐예요. 나무꾼은 혹시나 하는 마음으로 잔칫집을 향해 들어갔어요. 그 집은 그 마을에서 제일가는 최 부자의 집이었는데, 마침 금이야 옥이야 키운 딸아이의 생일잔치를 하고 있었지요. 나무꾼은 혹시 자기가 데려온 소를 못 보았느냐고 최 부자에게 물었어요.

"이걸 어쩌면 좋소! 그 소가 우리 소인 줄 알고 잡아먹고 말았다오."

최 부자는 미안해서 어쩔 줄 몰랐어요.

"소 값으로 무엇을 주어야 할지 막막하니 어쩌나."

나무꾼은 잔치에서 소고기를 가장 많이 먹은 사람이 누구냐고 물었어요. 최 부자는 자기 딸이라고 대답했지요.

"그렇다면 소 값 대신 딸을 주십시오."

최 부자는 하는 수 없이 딸을 내어 주었지요. 나무꾼은 최 부자의 딸을 데리고 길을 나섰어요. 그랬더니 이게 웬 일인지 그 전까지는 아무리 찾아도 보이지 않던 집으로 가는 길이 한눈에 보이는 것이었어요.

나무꾼은 얼른 어머니가 계신 집으로 달려갔지요. 이제나저제나 나무꾼을 기다리던 홀어머니는 나무꾼을 보고 박수를 치며 뛰어나왔어요. 나무꾼과 함께 따라온 최 부자의 딸을 보고는 나무꾼에게 물었지요.

"아들아, 이 고운 색시는 누구냐? 무슨 수로 이리 아리따운 아가씨를 얻었단 말이냐?"

"좁쌀 한 톨 덕분입니다."

나무꾼은 빙그레 웃으며 말했지요. 나무꾼의 어머니는 고운 색시를 얻었다며 얼씨구절씨구 어깨춤을 추며 기뻐했어요.

## 좁쌀이 색시로 변하는 물물교환

경제원리 01

### 시장은 어떻게 만들어졌을까요?

아주 먼 옛날, 사람들은 살아가는 데 필요한 모든 것을 스스로 구하면서 살았어요. 사냥과 낚시, 채집으로 배고픔을 해결하고 식물과 동물에게서 얻은 재료로 옷과 신발을 만들었지요. 그러다 시간이 흘러 농사를 짓게 된 사람들은 때마다 풍부한 곡식을 얻을 수 있었고, 그물을 만들어 낚시를 하게 된 사람들은 더 많은 물고기를 잡을 수 있었어요. 사람들은 자신들이 필요한 양보다 더 많은 자원을 얻게 되자, 이것을 다른 사람이 가진 자원과 교환하기 시작했지요. 스스로 모든 것을 다 구하려고 노력하지 않아도 필요한 물건을 구할 수 있었던 거예요. 이러한 활동을 '물물교환'이라고 한답니다.

시장은 물물교환을 하려는 사람들이 한 곳에 모여들면서 생겨났어요. 사람들은 필요한 물건을 교환하기 위해 시장에 가고, 서로 필요한 물건을 맞교환할 수 있게 된 거죠.

하지만 물건과 물건을 바꾸는 물물교환은 불편한 점이 많았어요. 예를 들면 돼지 한 마리를 가진 사람이 쌀 열 가마니가 필요하다면, 돼지 한 마리를 원하면서 동시에 쌀 열 가마니를 가진 사람을 찾아야만 물건을 맞바꿀 수 있었지요. 그런데 매번 내가 원하는 물건의 종류와 양을 딱 맞추어

가진 사람을 찾기란 정말 어려운 일이었어요. 또 물건의 값을 매길 때 서로 가지고 있는 평가의 기준도 달랐지요.

　나무꾼이 데려온 고양이가 죽게 되자 주인은 고양이 값으로 대신 줄 만한 물건을 찾으려 했지만, 결국 마땅한 것이 없어 나귀를 내어 주었어요. 또 소 값으로 얼마를 주어야 할지 막막했던 최 부자는 자기 딸을 대신 내어 주게 되지요. 이처럼 물물교환은 필요한 것을 주고받을 수는 있지만, 각자가 가진 물건의 값을 정확히 따져서 교환하기란 어렵다는 문제가 있었어요.

## 돈은 왜 생겼을까요?

　돈(화폐)은 물물교환을 좀 더 편리하게 할 수 있는 방법을 찾다가 생겨났어요. 사람들이 물건을 교환할 때, 정해진 화폐의 단위로 각 물건의 값을 정하여 사고팔 수 있도록 한 것이에요. 다시 말해 돈으로 물건을 사고팔 수 있으니 나무꾼은 더 이상 나무가 필요한 사람을 찾아서 쌀을 구할 필요가 없게 된 거죠. 돈은 인류 역사상 가장 위대한 발명품 중 하나이지요. 지금의 화폐가 생기기 전에 사람들은 쌀이나 조개껍데기, 비단이나 소금을 이용해 물건을 교환했어요. 하지만 쌀은 옮기기가 너무 무거웠고, 조개껍데기는 부서지기 쉬웠고, 비단은 찢어지기 쉬웠고, 소금은 녹아버리기 일쑤였지요. 그러다 금과 은으로 만든 화폐를 이용하게 되었는데 쌀이나 조개껍데기, 소금 같은 것보다 시간과 힘을 아낄 수 있게 됐어요. 계산도 더 쉽게 할 수 있게 됐어요. 그러나 금과 은은 구하기가 어렵다는 큰 단점이 있었어요. 그래서 오늘날에는 구리와 철, 종이 등으로 화폐를 만들어 사용하고 있답니다.

## 사유재산권이란 무엇일까요?

나무꾼의 나무와 생선 주인의 생선처럼 한 사람이 가진 물건을 경제 용어로 '재산'이라고 해요. 재산이란 돈이나 귀중품 같은 동산(움직일 수 있는 것)부터 땅이나 건물 같은 부동산(움직일 수 없는 것)에 이르기까지 금전적인 가치를 지닌 모든 것을 통틀어 말하는 거예요. 또한 경제가 발달하면서 점차 사람의 노력이나 아이디어 등 눈에 보이지 않는 것들도 재산으로 생각하게 되었지요.

이러한 재산을 어떻게 쓸 것인지 결정할 수 있는 사람은 그 재산을 가진 사람이겠죠. 이처럼 사람들이 자신이 소유한 재산에 대해 가지는 권리를 '사유재산권'이라고 해요. 시장이 만들어지게 된 것은 바로 이 사유재산권 때문이지요. 시장은 사람들이 사유재산을 서로 교환하는 곳이니까요. 대부분 시장이라고 하면 동대문시장, 남대문시장과 같이 생활에 필요한 물건들을 파는 상점들이 모인 곳을 떠올리는데, 원래 시장이라는 말은 '자기 것'을 가진 사람들이 모여서 재산을 사고파는 모든 곳을 이르는 말이랍니다.

# 잭과 콩나무

어느 마을에 잭이라는 소년이 살았습니다. 잭의 집은 무척 가난했습니다. 얼마나 가난했는지 잭의 집 헛간에 사는 생쥐는 먹을 걸 구하지 못해 다른 집으로 이사를 갈 정도였어요. 잭의 엄마는 남의 집 허드렛일을 해 주고 번 돈으로 겨우 먹을 걸 샀습니다. 언제나 엄마는 딱딱하게 굳은 빵을 뜯으며 중얼거렸지요.

"거인이 우리 돈을 몽땅 훔쳐가지만 않았더라도……."

원래 잭의 집은 마을에서 제일가는 부자였다고 해요. 그런데 아버지가 아끼는 보물을 모두 거인에게 도둑맞고 가난뱅이가 되었다나요.

엄마가 말한 거인은 키가 집채보다 더 크고, 허리가 엄마랑 잭이 두 팔을 힘껏 벌려야 끌어안을 수 있을 정도로 두껍고, 눈은 왕방울처럼 크고 부리부리한데다가, 목소리는 천둥처럼 크고 요란했다고 해요. 잭은 보물이 있었다는 것도, 거인도 믿지 않았습니다. 엄마가 입버릇처럼 말하는 거인은 상상한 속의 이야기일 뿐이라고 생각했지요.

가뭄이 계속되던 어느 해 여름의 일입니다.

"잭, 안 되겠구나. 이 암소라도 시장에 내다 팔고 오너라."

엄마는 집에 남은 유일한 재산인 암소를 팔아서 먹을 것을 마련하기로 했습니다. 잭은 엄마가 시키는 대로 시장에 암소를 팔러 갔지요.

"꼭 비싼 값을 받고 팔아야 한다."

잭은 시장 한가운데로 갔습니다. 그리고 목청을 돋우어서 암소를 판다고 외쳤지요.

사람들이 기웃거리며 암소가 얼마냐고 물었습니다. 잭은 엄마가 시킨 대로 금화 세 냥이라고 했습니다.

"에구머니, 무슨 암소가 그렇게 비싸?"

"더 싼 암소를 찾아봐야겠네."

잭이 부른 암소 값은 다른 암소에 비해 몹시 비쌌던 모양입니다. 사람들은 차마 잭네 암소를 살 엄두를 내지 못하고 돌아갔지요. 그렇게 반나절이 지났을 무렵의 일입니다. 한 할아버지가 잭에게 다가오더니 암소를 사고 싶다고 했습니다. 잭은 똑같이 금화 세 냥을 달라고 했지요. 하지만 할아버지는 주머니에서 금화 대신 콩 세 알을 꺼내더니 이렇게 말했습니다.

"이 콩과 네 암소를 맞바꾸자꾸나."

잭은 도리질을 했습니다.

"겨우 콩 세 알과 이 암소를 맞바꾸자니, 말도 안 돼요!"

"보통 콩이라면 절대 암소와 맞바꿀 수 없겠지. 보통 콩은 아주 흔해서 어디서든 구할 수 있으니까. 하지만 이 콩은 달라. 이 콩은 보통 콩이 아니란다."

"뭐가 다른데요?"

잭이 묻자 할아버지는 주변을 요리조리 살피더니, 소곤소곤 귓속말을 했습니다.

"이 콩은 마법의 콩이야. 세상에 딱 세 알밖에 없는 콩이지."

할아버지의 말에 잭은 솔깃해졌습니다.

'세상에 딱 세 알밖에 없는 마법의 콩이라니!'

그런 콩이라면 암소와 맞바꾸어도 아깝지 않을 것 같았습니다. 잭은 결국 콩 세 알과 암소 한 마리를 맞바꾸고 말았습니다.

집으로 돌아오자, 엄마가 암소를 얼마에 팔았느냐고 물었습니다. 잭은 망설이다가 콩 세 알을 내밀었지요. 그리고 사실대로 얘기했습니다.

"엄마, 이 콩은 아주 특별한 콩이에요. 보통 콩과는 달라요. 그러니 암소 한 마리 값으로 받을 만하다고요."

"뭐라고? 당장 그 할아버지를 찾아가 암소를 돌려받아야겠다!"

잭의 말에 엄마는 화가 나서 할아버지를 찾아갔습니다. 하지만 할아버지는 이미 암소를 끌고 어디론가 사라져 버렸지요. 화가 난 엄마는 잭이 받은 콩 세 알을 창문 밖으로 던져 버렸습니다.

그런데 이튿날, 놀라운 일이 벌어졌습니다. 마당에 내던진 콩 세 알 가운데 하나가 하늘까지 뻗을 정도로 쑥쑥 자라 있는 것입니다. 잭은 호기심에 콩나무를 타고 올라갔습니다. 콩나무 가지는 구름을 뚫고 올라가 하늘나라의 어느 집 앞마당까지 뻗어 있었습니다. 잭은 조심스럽게 집 안으로 들어가 보았습니다.

그 집은 식탁이 잭의 키보다 훨씬 컸고, 침대는 달리기를 해도 될 정도로 길고 넓었습니다. 보통 사람이 사는 집 같지가 않았지요. 밥그릇도 가마솥만큼 크고, 접시도 세숫대야만큼 커다랬습니다.

"이런 집에 사는 사람은 누굴까?"

잭이 두리번거릴 때였습니다.

키가 집채보다 더 크고, 눈은 왕방울처럼 크고 부리부리한데다가, 목소리는 천둥처럼 커다란 거인이 나타났습니다. 거인은 툴툴거리며 집안으로 들어오더니 식탁에 앉아 금화를 세기 시작했습니다.

'저 거인은 바로……!'

잭은 눈을 휘둥그레 떴습니다. 눈앞에 있는 거인은 엄마가 늘 입버릇처럼 말하던 바로 그 거인이었습니다. 거인은 하나, 둘, 셋 소리 내어 식탁 위에 잔뜩 쌓인 금화를 세고 또 셌습니다. 잭은 그 모습을 보다가 몰래 금화 주머니 한 개를 집어 들었습니다. 돈을 세느라 정신이 없는 거인은 잭이 금화 보따리를 들고 가는 것도 눈치채지 못했지요. 잭은 슬그머니 거인의

집을 빠져나왔습니다.

그때였습니다. 암탉 한 마리가 '꼬끼오' 하고 우는 것이었어요. 잭은 놀라서 얼른 나뭇가지가 있는 쪽으로 달려갔지요. 한편, 그 소리를 들은 거인은 커다란 눈을 부릅뜨고 잭을 쫓아왔습니다. 잭은 얼른 금화가 든 주머니를 들고 나무 아래로 도망쳤습니다. 그리고는 재빨리 도끼로 나무를 찍어 버렸지요.

"아이고, 이게 웬 금화냐!"

금화를 본 어머니는 기뻐 어쩔 줄 몰랐습니다. 잭과 어머니는 그 돈으로 얼마간은 편하게 살 수 있었지요. 하지만 금화는 금방 바닥나고 말았습니다. 어머니는 또 시름시름 한숨을 내쉬었습니다. 잭도 답답하기는 마찬가지였지요. 그런데 이게 웬일입니까. 마당에 커다란 콩나무가 또 자라 있는 게 아니겠어요.

잭은 얼른 콩나무를 타고 거인의 집으로 갔습니다. 때마침 거인은 잠을 자고 있었지요. 잭은 거인의 집을 두리번거리며 살폈습니다. 바로 그때 닭이 알을 낳았다며 '꼬끼오 꼬꼬' 하고 큰 소리로 울었습니다. 그런데 잭이 가까이 다가가 보니 그 알은 평범한 알이 아니었어요. 눈부시게 반짝거리는 황금 알이었습니다.

잭은 거인의 암탉을 들고 살금살금 집을 빠져나왔습니다. 거인은 여전히 드르렁드르렁 코를 골며 자고 있었지요. 잭은 재빨리 콩나무를 타고 내려와서 이번에도 도끼로 나무를 베어 버렸습니다. 거인이 쫓아오지 못하게 만든 것이지요.

"엄마, 이 닭 좀 보세요. 황금 알을 낳는 닭이에요."

"세상에, 이제 우린 부자가 되겠구나!"

엄마는 기뻐 어쩔 줄 몰랐습니다.

잭과 엄마는 닭이 황금 알을 낳자마자 시장에 내다 팔았습니다. 황금 알은 엄청나게 비싼 값을 받을 수 있었습니다. 잭과 엄마는 황금 알을 판 돈으로 갖고 싶은 것, 먹고 싶은 것을 마음껏 샀지요. 돈을 아껴 쓰거나 저축할 생각은 전혀 하지 않았어요. 꼭 필요하지 않은 것도 마구 샀습니다. 그러다 보니 황금 알 하나를 판 돈은 눈 깜짝할 새에 없어져 버렸지요.

"잭, 황금 알을 또 팔아 오렴."

잭은 시장으로 나가 황금 알을 계속 팔았습니다. 하지만 닭이 황금 알을 낳을 때마다 내다 팔았더니, 이제 황금 알은 사람들에게 처음처럼 귀한 물건이 아니게 되었어요. 더 이상 비싸게 주고 사려는 사람이 없으니 값이 점점 떨어졌지요. 나중에는 보통 달걀보다 다섯 배밖에 비싼 값을 받을 수

가 없었어요. 황금 알을 판 돈은 점점 떨어져 가는데 잭과 엄마가 모아둔 돈은 단 한 푼도 없었지요.

"이대로는 안 되겠다. 우린 다시 가난하게 살게 될 거야."

엄마가 한숨을 내쉬었습니다.

잭은 그런 엄마를 걱정스럽게 바라보았지요.

그런데 이튿날, 또 놀라운 일이 벌어졌습니다. 마당에 내던진 콩알 가운데 마지막 하나가 하늘까지 뻗을 정도로 쑥쑥 자라 있는 것입니다. 잭은 나무를 타고 거인의 집을 찾아갔습니다.

이번에도 거인은 드르렁드르렁 코를 골며 자고 있었습니다. 거인 옆에는 커다란 하프가 하나 놓여 있었는데, 그 하프에서 계속 자장가가 흘러나왔지요. 가만 살펴보니 하프가 노래를 하고 있었습니다.

"와!"

잭은 거인 옆에 놓인 하프를 슬그머니 들어 올렸습니다. 그러자 하프가 노래를 하다 말고 소리쳤지요.

"주인님, 황금 닭을 훔쳐 간 도둑이 저도 가져가려고 해요!"

잠에서 깬 거인은 잭을 가만두지 않겠다고 울부짖으면서 바싹 뒤쫓아 오기 시작했습니다. 거인은 도둑맞은 암탉과 하프를 다시 빼앗으려고 하는 것이었어요. 잭은 노래하는 하프를 꼭 쥐고 콩 나뭇가지를 타고 후다닥 집으로 내려왔습니다. 그러고는 거인이 따라오지 못하게 콩나무를 도끼로 찍어 쓰러트렸습니다. 그러자 나무를 타고 내려오던 거인은 버둥거리며 고함을 내질렀습니다.

다음날, 잭은 거인의 집에서 가져온 하프를 장터에 팔러 갔습니다. 하지만 아무도 그 하프를 살 엄두를 못 냈지요. 잭이 다른 하프의 스무 배가 넘는 아주 비싼 값을 불렀기 때문이었습니다. 하프를 파는 다른 상인들은 아무리 신기한 하프여도 그 가격에는 팔 수 없다고 할 정도였어요. 잭은 하프 값을 낮추어 팔까 고민했지만 하프의 노랫소리가 정말 좋아서 차마 그렇게 할 수는 없었습니다.

'이렇게 아름답게 노래하는 하프를 제값에 팔지 못할 바에야 갖고 있는 게 낫겠어.'

"아아아!"

하프는 하루 종일 노래했습니다. 그런데 신기하게도 잭은 하프의 노랫소리를 들으며 일을 하면 힘든 줄을 전혀 몰랐습니다. 그리고 잭과 엄마는 더 이상 돈을 헤프게 쓰지 않았습니다. 잭이 열심히 일해 번 돈은 꼬박꼬박 저축하기 시작했어요.

사실 노래하는 하프는 사람들을 열심히 일하게 하고 돈을 아껴 쓰도록 하는 마법의 하프였어요. 그렇게 엄마와 잭은 하루하루 행복하게 살았답니다.

# 황금 알의 가격

### 물건의 가격은 어떻게 정해질까요?

시장에는 물건을 팔려는 사람과 사려는 사람이 있지요. 물건을 팔려는 사람은 공급자라고 하고, 사려는 사람은 수요자라고 해요. 또 공급자가 시장에 팔려는 물건의 양은 공급량, 수요자가 사고자 원하는 물건의 양은 수요량이라고 합니다. 물건의 가격은 공급량과 수요량이 얼마나 있는지에 따라 정해지지요. 만약 공급량보다 수요량이 많으면 물건의 가격은 비싸지고, 수요량보다 공급량이 많으면 가격은 싸지게 되지요.

### 물건의 가격은 왜 오르는 걸까요?

명절 때, 과일 값이 올라 걱정하시는 엄마의 말씀을 들어본 적이 있나요? 과일값이 오른 것은 과일이 많이 나는 철은 아닌데 과일을 찾는 사람이 많아졌기 때문이에요. 물건을 원하는 수요량에 비해 그것을 충족시킬 수 있는 공급량이 한정되어 있거나 부족하면 물건 값이 올라가지요. 인간의 모든 욕망을 충족시킬 만큼 자원이 충분치 않은 것을 경제학에서는 희소성이라고 해요.

잭이 처음 황금 알을 시장에 내놓았을 때만 해도 황금 알은 아주 비싼 값에 팔렸어요. 흔히 볼 수 없는 희귀한 물건이었기 때문이지요. 하지만 잭이 날마다 황금 알을 내다팔자 흔해진 황금 알은 가격이 내려가기 시작했어요. 처음에는 공급량이 적었지만, 나중에는 수요량보다 공급량이 많아져 황금 알 가격이 내려간 거예요. 이렇게 물건 값은 공급량이 부족하면 올라가고, 공급량이 많아지면 내려간답니다.

또 물건을 만드는 데 필요한 자원의 가격이 오르면 우리가 물건을 살 때의 가격도 오르게 된답니다. 예를 들어 석유의 양이 줄어들어 석유 값이 오르면 석유를 원료로 하는 플라스틱과 섬유 제품의 값이 오르게 되는 것이지요. 하지만 원료가 되는 어떠한 자원이 부족하다고 해서 마냥 물건 값이 오르기만 하는 것은 아니에요. 부족한 자원을 대체할 수 있는 다른 자원을 찾는다면 물건 값은 또 다시 내려가게 된답니다.

## 물건 값을 규제하면 어떻게 되나요?

물건의 가격은 수요와 공급의 많고 적음에 따라 자연적으로 결정되지만 때때로 나라에서 중간에 끼어들어 정하기도 해요. 특정 물건이나 서비스의 값이 너무 비싸거나 싸지는 경우를 막기 위하여 정부에서는 '가격상한제'와 '가격하한제'를 만들어 시장 가격 결정에 영향을 주는 것이지요.

예를 들어 집값이 터무니없이 오르지 않도록 정한 분양가상한제는 가격상한제이고, 사람들이 일을 하고 받는 돈이 너무 적지 않도록 정한 최저 임금제는 가격하한제랍니다.
　나라에서 정하는 가격상한제와 가격하한제는 판매자와 소비자를 보호하려는 것이지만 실제로는 의도하지 않은 좋지 않은 결과를 가져오기도 한답니다. 만약 어떤 기업이 풍부한 자원과 최고의 기술력으로 우수한 제품을 만들어도 가격상한제로 제 값을 받을 수 없다면, 더 좋은 제품을 만들려고 노력하는 기업은 없을 거예요. 이처럼 가격상한제로 인하여 기업이 생산하는 제품과 서비스의 질과 경쟁력을 떨어뜨릴 수 있어요.
　가격상한제는 소비자를 보호하기 위해 만들어진 제도이지만 판매자들의 생산량을 감소시키고, 한편 가격하한제는 판매자를 보호하기 위해 만들어진 제도이지만 수요자의 구매량을 감소시켜 경제 발전에 나쁜 영향을 끼치기도 합니다.

# 제주도 거상 김만덕

아주 먼 옛날 제주도에는 뭍에 나가 물건을 사오고, 그것을 되파는 큰 상점이 있었어요. 그곳은 제주도 사람들이 육지에서 나는 물건을 구할 수 있는 유일한 곳이었지요. 그 상점의 주인은 김만덕이라는 여자였어요.

김만덕은 원래 제주도 상인의 딸이었는데, 어려서 부모님이 돌아가시는 바람에 기생이 되었더랬지요. 겨우 열두 살의 나이였답니다. 어린 김만덕은 비록 기생이 되었지만 단 하루도 글공부를 게을리 하지 않았어요.

"기생이 무슨 글공부냐?"

"맞아, 우리 같은 기생들이 뭘 할 수 있다고."

다른 기생들이 눈을 흘기며 나무랐지만 김만덕은 글공부를 멈추지 않았어요. 김만덕은 때가 되면 기방을 나가 부모님처럼 장사를 할 생각으로 준비를 했던 것이었어요.

　어느 해, 김만덕은 하인들에게 그동안 모은 돈을 주며 제주도의 말총을 모두 사들이라고 했어요. 말총은 말의 갈기나 꼬리의 털을 말하는데, 그걸 이용해서 양반들이 쓰는 갓을 만든답니다.

　"아씨, 이 많은 말총을 어디에다 쓰실 작정입니까?"

　"아무것도 묻지 말고 그저 시키는 대로만 하게."

　하인들은 김만덕이 시키는 대로 제주도에서 나는 말총을 모두 사들였지요.

　김만덕은 그 말총을 창고에 쌓아 두었어요. 하인들은 말총을 비싼 값에 사서 쌓아 두기만 하는 게 이상했지요. 그래서 몇 번이고 그 까닭을 물어 보았지만 김만덕은 대답 대신 빙그레 웃기만 했어요. 그로부터 몇 달이 지나자 말총 값이 몇 십 배로 뛰었어요. 김만덕이 말총이란 말총은 모

두 사들여 버려서 사람들은 새 갓을 만들 말총을 아예 구할 수가 없었던 거예요.

"청나라에서 말총을 사오면 되겠지만 족히 넉 달은 걸릴 겁니다."

"이 일을 어쩌면 좋습니까!"

양반들은 말총을 구하지 못해 발을 동동 굴렀어요. 말총을 구할 수만 있다면 아무리 비싼 값이라도 치르겠다며 아우성을 쳤지요.

"이제 이 말총을 내다 팔게나."

하인들은 김만덕이 시키는 대로 말총을 아주 비싼 값에 내다 팔았어요. 그렇게 해서 큰돈을 모은 김만덕은 그 돈을 밑천으로 물건을 사고파는 장사를 시작했지요. 제주도에서 나는 특산물을 육지로 내다 팔고, 제주도 사람들이 필요한 육지의 물건을 사와서 파는 일이었지요.

김만덕은 장사를 할 때 절대로 남을 속이는 일이 없었어요. 덕분에 단골손님들이 점점 늘어 객주는 날이 갈수록 번창했고, 재물이 점점 늘어났지요. 게다가 김만덕은 그렇게 번 돈을 단 한 푼도 낭비하지 않았어요. 꼭 필요한 곳에만 썼지요.

김만덕은 일할 사람이 필요할 때는 육지에서 온 사람보다는 제주도 사람들에게 먼저 기회를 주었어요. 제주도 사람들이 잘살아야 질 좋은 특산물을 계속 얻을 수 있고, 그래야 좋은 값에 물건을 팔 수 있다고 생각했기 때문이지요.

김만덕이 장사를 시작한 후 제주도 사람들은 훨씬 살기가 좋아졌어요.

자기들이 정성껏 기른 채소라든지, 바다에서 잡은 전복, 생선 따위를 육지에 내다 팔 수 있게 되었으니 돈을 더 많이 벌 수 있어 좋고, 또 일거리가 떨어질 걱정 없이 마음 놓고 일할 수 있게 되었으니까요. 그래서 제주도 사람들은 김만덕을 '만덕 할망'이라고 부르며 좋아했어요.

그러던 어느 날의 일이에요. 제주도에 엄청난 가뭄이 닥쳐왔어요. 몇 달 동안 비가 내리지 않아 땅이 쩍쩍 갈라지고, 먹는 물도 바닥이 날 지경이 됐지요. 거리에는 굶주린 사람들이 넘쳐났고, 집집마다 배가 고파 우는 아이들의 울음소리가 그치지 않았어요. 여기에 엎친 데 덮친 격으로 더 큰 문제가 벌어졌어요. 나라에서 제주도에 사는 사람들을 위해 내려 준 구휼미가 풍랑 때문에 배가 침몰하면서 모두 사라져 버리게 되었던 거예요. 제주도 사람들은 먹을 것이 없어 굶어갔지요. 그 모습을 본 김만덕은 가슴이 아팠어요.

"이대로는 안 되겠구나. 곡식 창고 문을 열어 어려운 사람들에게 먹을 것을 나눠 주어라."

"하지만 마님, 이 곡식들을 공짜로 나눠 주면 우리에겐 무엇이 남습니까?"

"제주도 사람들이 잘살아야 우리도 장사가 잘 되는 것이다. 이 사람들이 웃으며 일할 수 있어야 우리 물건을 기분 좋게 사 가는 사람들도 있는 법이다. 아니 그렇겠느냐?"

하인들은 창고에 가득 쌓아 둔 곡식을 사람들에게 나누어 주었어요. 김만덕이 나누어 준 쌀의 양은 무려 500섬이 넘었답니다. 지금껏 그 어떤 부자도 내어 놓지 못했던 많은 양의 쌀이었어요. 덕분에 제주도에 사는 수많은 사람들이 목숨을 구할 수 있게 됐지요. 쌀을 받아 든 사람들은 하나같이 입을 모아 김만덕을 칭찬했어요.

김만덕이 자신의 재산을 풀어 굶주린 사람들을 구했다는 소식은 멀리 한양에 계신 임금님에게까지 전해졌어요.

"장사꾼들은 자기 욕심만 채우는 사람이라고 생각했거늘, 김만덕이라는 장사꾼은 다른 모양이로구나."

임금님은 김만덕을 한양으로 불러들이라고 명령했어요.

"아니 될 말씀이옵니다!"

"그렇습니다, 임금님이 여자인 김만덕을 만날 이유가 없습니다. 그냥 수고했다는 뜻으로 선물을 보내 주시는 게 좋을 듯싶습니다."

"어허, 당장 불러들이라는데도!"

옛날엔 섬에 사는 여자는 절대 육지로 나가서는 안 된다는 법도 있었지요. 하지만 임금님의 명으로 김만덕은 제주도를 떠나 한양으로 오게 됐어요.

"그대는 어찌하여 자신의 재산을 털어 어려운 사람들을 구했는가."

임금님은 김만덕에게 자상한 목소리로 물었어요.

"저는 장사꾼입니다. 사람들 덕분에 돈을 벌어 큰 이윤을 남길 수 있지요. 그러니 그 사람들이 어려워지면 도와야 하는 것이 당연한 도리라 생각

합니다. 저의 재산은 돈이 아니라 바로 사람입니다."

"사람이 바로 재산이라!"

"그렇습니다. 일을 할 수 있는 사람이 있어야 가게를 할 수 있고, 물건을 살 수 있는 사람이 있어야 장사를 할 수 있는 법 아니겠습니까."

김만덕은 한마디, 한마디 또록또록하게 대답했어요. 그 말을 들은 임금님은 무릎을 탁 치며 말했지요.

"옳은 말이로다. 그것이 장사를 하는 사람의 도리이지."

임금님은 김만덕에게 소원을 얘기해 보라고 했어요. 만덕의 갸륵한 마음에 상을 주고 싶었던 거예요.

"무엇을 원하느냐. 벼슬을 내려 줄까? 아니면 상금을 내려 줄까, 그도 아니면 전답을 주랴?"

"제 소원은 그저 금강산에 다녀오는 것입니다."

"금강산이라고?"

"세상에서 가장 좋은 산이 금강산이라고 하잖습니까. 그 산을 실컷 구경하게 해 주십시오."

당시만 하더라도 여자들은 사는 곳을 벗어나 여행을 하는 것이 금지되어 있었어요. 그러니까 김만덕의 소원은 보통 여자들은 감히 꿈도 꿀 수 없는 것이었지요. 하지만 임금님은 김만덕의 소원을 기꺼이 들어주었어요.

김만덕이 금강산으로 떠나는 날, 사람들은 구름떼처럼 몰려나와 손을 흔들고 박수를 쳤어요. 너도나도 만덕을 세상에서 가장 용기 있는 여성이라며 칭찬을 아끼지 않았지요. 훗날 사람들은 김만덕의 이야기를 〈만덕전〉이라 하여 책으로 쓰기도 했어요.

금강산 구경을 마치고 돌아온 만덕은 임금님으로부터 '의녀반수'라는 벼슬을 얻게 되었어요. 그것은 당시 여성이 얻을 수 있는 최고의 벼슬이었지요. 그 후에도 김만덕은 모든 사람들에게 이로운 장사를 하고, 어려운 사람들을 도우며 살았답니다.

경제원리 03

# 만덕할망이 꾸린 기업

## 기업이란?

　　기업은 재화와 서비스를 만드는 활동을 하는 조직을 뜻해요. 재화란 우리 주변의 눈에 보이는 모든 것이라고 할 수 있어요. 사람들이 살아가는 데 꼭 필요한 의식주도 재화랍니다. 의(衣)는 옷, 식(食)은 먹을 것, 주(住)는 우리가 사는 집을 말하지요. 김만덕의 이야기에서 제주도 사람들이 가뭄으로 먹을 것을 구하지 못해 굶주렸던 것처럼 의식주는 우리가 살아가는 데 중요한 재화이지요. 서비스는 재화와 달리 눈에 보이지 않는 것들이에요. 예를 들면, 선생님이 학생을 가르치는 일, 의사가 환자를 진료하는 일, 가수들이 공연을 하는 것과 같은 활동을 서비스라고 합니다.

## 기업은 어떤 일을 할까요?

　　경제 주체는 경제활동의 주인공들인 가계, 기업, 정부를 부르는 말이에요. 가계, 기업, 정부는 시장에서 자유롭게 생산, 분배, 소비 활동을 합니다. 가계는 국민 경제의 가장 작은 단위이자 소비의 주체로 경제의 가장 중요한 출발점입니다. 여러분들의 가정도 가계 중 하나입니다. 가계는 일을 해서 기업으로부터 소득을 얻고 다시 기업들의 물건을 사는 소비를 하지요. 기업은 생산의 주체로서 이윤을 추구하여 노동자들에게 임금을 줍니다. 또한 정부는 가계와 기업으로부터 세금을 걷어 나라살림을 하고 이들 사이의 조정 역할을 하기도 합니다.

기업이 하는 일은 몇 가지로 나누어 생각해 볼 수 있어요. 먼저 기업은 토지, 노동, 자본의 생산요소를 가지고 소비자들이 원하는 재화와 서비스를 되도록 적은 비용을 들여 효율적으로 생산하는 활동을 합니다. 또한 기업은 일자리를 만들어내지요. 기업이 생산활동을 위한 일자리를 만들면 가계는 소득(돈)을 얻을 수 있답니다.

김만덕은 제주도 사람들이 기른 채소라든지, 바다에서 잡은 전복, 생선 따위를 육지에 내다 팔아 이윤을 남겨서 사람들이 돈을 벌 수 있게 해 주었어요. 일자리를 만들어 준 것이지요. 각 기업마다 차이는 있겠지만 몇몇 기업은 다른 나라와 자원이나 제품을 사고팔아 이윤을 추구하기도 해요. 자원이 부족한 우리나라가 경제 발전을 이룰 수 있었던 것은 이러한 무역 활동을 통해 해외시장을 개척한 덕분이랍니다.

기업은 제품을 생산하고 이윤을 내는 활동만 하는 것은 아니에요. 기업도 개인이 세금을 내는 것처럼 나라에 세금을 냅니다. 나라에서 거둬들이는 세금의 80퍼센트 이상은 기업이 내는 거라고 해요. 그만큼 기업이 나라 발전에 끼치는 영향이 크다는 것을 알 수 있지요.

마지막으로 기업은 생산 활동을 통해 얻은 이윤의 일부를 사회에 내놓기도 해요. 우리 사회의 소외된 계층을 돕기 위한 기부 활동을 하는 것이지요. 김만덕이 굶주린 사람들을 위해 쌀을 나누어 준 것도 이러한 사회적 책임 활동의 예라 할 수 있습니다.

## 기업은 어떤 형태가 있을까요?

대기업, 중소기업, 벤처기업, 공기업 등 기업들은 저마다 다양한 이름을 가지고 있지요? 기업은 일하는 사람의 수, 이윤의 크기, 생산 규모, 소유 형태 등에 따라 여러 종류로 나눌 수 있어요. 대기업과 중소기업은 기업의 생산량, 규모, 종업원 수의 많고 적음에 따라, 공기업과 사기업은 국가 소유인지 개인 소유인지에 따라 형태를 나눈 것이에요. 또한 벤처기업은 새로운 기술과 아이디어를 바탕으로 시장에서 제품 경쟁력을 확보하여 작은 규모지만 높은 수익을 얻으려는 기업이지요.

# 칠면조 파는 소년 록펠러

　록펠러는 미국의 수도 뉴욕 북부에 있는 리치포드라는 곳에서 태어났어요. 록펠러의 집안은 평범했지요. 크게 부유하지는 않았지만, 그렇다고 빵을 구걸해야 할 만큼 어려운 형편은 아니었어요. 그러나 록펠러의 어머니는 언제나 가장 어려운 때를 살아가는 것처럼 아끼고, 또 아꼈어요. 어린 록펠러는 그런 어머니 밑에서 아끼고, 절약하는 법을 배우며 자랐지요.

　록펠러는 어려서부터 장사에 관심이 많았어요. 록펠러는 물건을 싸게 사서 비싸게 되파는 것을 매우 흥미로워했지요. 록펠러는 가끔 아버지로부터 받은 사탕이나 껌 같은 것들을 먹지 않고 모아 두었다가 친구들에게 팔고는 했어요. 그렇게 모은 돈으로 자기가 정말 좋아하는 다른 것을 사 먹으려는 것이었지요.

어느 봄날의 일이에요. 록펠러는 우연히 칠면조 한 마리를 발견했어요. 칠면조는 '구구'거리며 길을 가고 있었지요. 아마도 우리를 탈출했다가 길을 잃은 모양이었어요. 록펠러는 칠면조를 따라 갔어요. 얼마나 갔을까. 칠면조가 낮은 산비탈을 뒤뚱뒤뚱 내려가기 시작했어요. 록펠러는 잽싸게 칠면조를 따라잡아 붙잡았지요.

록펠러는 집으로 달려가 칠면조 우리를 만들고 그 속에 붙잡은 칠면조를 넣어 두었어요. 그런데 다음날 그 칠면조가 알을 낳았지 뭐예요. 록펠러는 그 알을 정성껏 보살폈어요. 곧 알에서 새끼 칠면조들이 태어났지요. 록펠러는 여러 마리의 새끼 칠면조들 가운데 두 마리만 남겨 두고 나머지 새끼들을 상자에 담았어요.

"얘야, 새끼들을 데리고 어딜 가려는 거니?"

어머니가 록펠러에게 물었어요.

"동네 공터로 갈 거예요."

"거기서 뭘 하려고?"

"애들에게 칠면조 새끼를 팔 거예요."

어머니는 칠면조 새끼 따위는 아무도 사지 않을 거라며 차라리 집에서 허드렛일을 도와 달라고 부탁했어요. 하지만 록펠러는 새끼 여덟 마리를 모두 팔 자신이 있다며 당당하게 밖으로 나갔어요.

마침 공터에는 아이들이 여러 명 모여 있었지요. 록펠러는 칠면조 새끼가 담긴 상자를 열었어요. 그러자 갇혀 있던 칠면조 새끼들이 '구구'거리며 고개를 내밀었지요.

"귀엽다!"

"와, 신기하다!"

아이들은 손바닥 위에 올려 놓아도 될 만큼 작은 칠면조 새끼를 보고 신기해 했어요. 록펠러는 그런 아이들에게 칠면조 새끼를 사라고 말했어요.

"얼만데?"

"3달러씩 줘야 해."

"왜 그렇게 비싸?"

"맞아, 정말 비싸. 너도 우연히 칠면조를 붙잡은 거잖아. 그러니까 공짜로 얻은 거나 마찬가지인데 왜 이렇게 비싸게 파는 거야?"

아이들은 볼멘소리를 했어요. 록펠러에게 칠면조 새끼를 싸게 팔라고 애원했지요. 하지만 록펠러는 눈 하나 깜짝하지 않았어요.

"안 돼, 이 새끼 칠면조 값에는 내가 칠면조 어미를 잡으려고 노력한 비용, 그동안 먹인 사료 값, 그리고 내가 보살펴 준 비용이 포함되어 있어."

"피, 그게 뭐야."

"3달러 밑으로 팔면 난 이윤이 남지 않아. 그럼 난 그냥 너희들에게 칠면조 새끼를 공짜로 나눠 주는 거나 마찬가지란 말이야."

하지만 아이들은 칠면조 새끼를 3달러나 주고 살 수는 없다며 돌아섰어요. 록펠러는 그런 아이들에게 말했지요.

"너희도 칠면조 새끼를 잘 키우면 알을 얻을 수 있어. 그럼 칠면조 알 요리를 공짜로 먹을 수도 있고, 아니면 나처럼 새끼를 팔 수도 있겠지."

록펠러는 지금은 비록 3달러나 되는 칠면조 새끼지만 나중엔 어마어마하게 큰 이득을 주는 칠면조가 될 거라고 했어요. 그 말에 아이들은 잠시 망설이다가 하나둘 돈을 꺼내놓기 시작했어요.

록펠러는 칠면조 새끼 여덟 마리를 모두 팔고 돌아왔지요. 록펠러는 칠면조를 팔아 번 돈을 저금통에 넣었어요. 저금통에는 록펠러가 잔디 깎기, 소젖 짜기, 신발 닦이, 건초 나르기 등을 해서 모은 돈이 가득했어요.

"록펠러, 저금통이 벌써 꽉 찼구나. 넌 정말 대단한 아이야."

어머니는 그런 록펠러를 자랑스럽게 생각했지요. 록펠러는 저금통에 모은 돈을 어른들에게 빌려 주기까지 했어요. 그리고 약속한 날짜가 되면 이자와 함께 돈을 돌려받았지요.

세월이 흘러 록펠러는 스무 살의 어엿한 청년이 되었어요. 록펠러는 그

동안 모은 돈을 밑천으로 육류와 곡식을 파는 가게를 꾸렸어요. 록펠러는 아침부터 밤늦도록 부지런히 일했지요. 하지만 록펠러가 차린 첫 번째 가게는 장사가 잘되지 않았어요. 이유는 과일이나 야채 따위를 너무 비싸게 사오기 때문이었어요. 이윤을 남기려면 그 가격보다 더 비싼 값에 팔 수밖에 없었고, 사람들은 록펠러 가게의 물건은 비싸다며 불평을 하게 되었던 거죠.

록펠러는 큰 빚을 지고 가게 문을 닫아야만 했어요. 날마다 빚 독촉에 시달려야 했지요. 록펠러는 자신의 가게가 왜 망해야만 했는지 이해가 가지 않았어요.

"네 가게에서 파는 물건들은 한결같이 비쌌어."

사람들의 말에 록펠러는 되물었어요.

"내가 비싼 값에 물건을 구해 왔으니 거기에다가 내가 일한 값을 덧붙여 팔았을 뿐이야. 내가 손해를 보면서까지 물건을 팔 수는 없잖아."

"이윤을 남기려면 더 싸고 품질 좋은 물건을 찾았어야지!"

록펠러는 만약 이윤이 나지 않으면 기업을 운영하기가 힘들어지고 결국 문을 닫아야 한다는 것을 깨달았어요. 또 기업을 운영할 때는 이윤을 내기 위해서 더 새롭고 더 좋은 제품을 생산하기 위해 노력해야 한다는 것도 배웠지요.

어머니는 록펠러가 다시 사업을 할 수 있도록 진심으로 응원했어요. 그러면서 이런 말씀을 덧붙이셨지요.

"록펠러, 네가 번 돈은 오로지 네 것만은 아니란다. 어려운 사람들에게 나누어 줄 수 있어야 해."

어머니는 록펠러에게 하루하루 번 돈과 나간 돈을 적도록 했어요. 그리고 다른 사람을 위해 쓴 돈의 액수도 쓰도록 했지요. 록펠러는 자신이 번 돈과 쓴 돈을 꼼꼼하게 기록하고 장부를 보면서 자기가 꼭 써야 할 돈과 쓰지 않아야 할 돈을 구별하였지요.

그러던 어느 날의 일이에요. 미국은 남과 북으로 나뉘어져 전쟁을 하기 시작했어요. 전쟁이 계속되자 사람들은 먹을거리와 생활용품을 구하려고 아우성을 쳤어요. 아무리 비싼 값이라도 좋으니 물건을 구해 달라고 하는 사람들이 많았지요. 록펠러는 전쟁터에서 목숨을 걸고 장사를 했어요. 덕분에 큰돈을 벌 수 있었지요. 록펠러는 그렇게 번 돈을 가지고 석유 사업을 시작했어요.

록펠러의 석유 사업은 당시 산업이 발달하면서 석유를 필요로 하는 사람이 늘어나, 날이 갈수록 커지기 시작했어요. 석유 사업이 잘되리라고 예상한 록펠러의 생각이 정확히 맞아 떨어진 것이었어요. 회사는 하루아침에 거대한 기업이 되었지요.

하지만 록펠러는 돈이 많다고 거드름을 피우거나, 돈을 펑펑 쓰고 다니지 않았어요. 수억 달러의 돈을 버는 부자가 되었지만

여전히 직접 공장을 둘러보고, 석유 통을 하나씩 검사하는 허드렛일도 마다하지 않았지요.

또 록펠러는 아무리 형편이 어려워도 항상 남을 돕는 일을 주저하지 않았던 어머니를 떠올렸어요. 그래서 평생 자기가 버는 돈의 10분의 1은 반드시 저축을 하고, 또 다른 10분의 1은 어려운 사람을 돕는 데 썼어요. 아들에게도, 딸에게도 똑같은 방식을 가르쳤지요. 그리고 회사가 큰 이윤을 낼 때마다 그에 대한 보답으로 병원이나 학교 등 사람들에게 꼭 필요한 공공시설을 세워 주었어요.

그 후 나이가 든 록펠러는 '록펠러 재단'이라는 자선 재단을 만들어 자기 재산의 대부분을 사회에 되돌려 주었어요. 록펠러 재단은 가난한 아이들과 생활이 어려운 노인들을 돕고, 많은 학교와 요양시설을 세우기도 했어요. 지금도 세계의 수많은 곳이 록펠러 재단의 도움을 받고 있답니다.

## 록펠러가 보여준 기업가정신

### 이윤이란 무엇일까요?

이윤은 기업이 물건을 판매한 돈에서 재료비와 인건비, 광고비 등 기업이 물건을 만드는 데 쓴 돈을 빼고 남은 돈을 말해요. 그래서 이윤은 때때로 생기기도 하고, 또 생기지 않기도 하지요. 기업은 되도록 많은 이윤을 얻기 위해 원가 절감을 위한 방법을 고민하고 시장에서의 제품 경쟁력을 높이기 위해 끊임없이 노력하지요. 만약 기업이 이윤을 얻지 못하면 록펠러가 처음 차렸던 가게처럼 결국 망하고 말 테니까요.

### 비용이란 무엇일까요?

록펠러는 칠면조 새끼의 값을 3달러로 정했어요. 처음에 아이들은 록펠러가 부른 값을 비싸다고 생각했지요. 하지만 곧 록펠러가 자신이 칠면조 새끼를 얻기 위하여 들인 비용을 설명하자 3달러라는 값을 적당하다고 생각하게 되었어요.

비용이란 어떤 일을 하는 데 드는 돈을 말해요. 기업은 재화나 서비스를 만들어내는 데 쓴 비용에 비해 이윤을 더 많이 얻으려고 하지요. 바로 최소한의 비용을 들여 최대한의 수입을 얻으려고 하는 것이에요. 우리는 이것을 생산성이라고 하지요. 기업은 생산성을 높여야만 많은 이윤을 얻을 수 있답니다.

### 기업가정신은 어떤 것일까요?

록펠러가 큰돈을 벌 수 있었던 것은 과감한 투자 때문이었어요. 처음 록펠러가 석유 사업을 시작할 당시에는 석유 시장의 앞날이 불확실했지요. 아직 석유 자원을 필요로 하는 산업이 많지 않아 석유를 판매할 곳도 적었어요. 하지만 록펠러는 다르게 생각했어요. 앞으로 다가올 미래에는 산업이 발전하여 석유를 쓸 일이 많아질 거라고요. 그는 미래를 내다보고 과감한 투자를 했고, 석유 사업으로 세계에서 제일가는 부자가 되었어요.

록펠러처럼 앞날이 불확실한 사업에 과감히 투자하고, 새로운 시장을 개척하는 것을 기업가정신이라고 해요. 기업가정신은 다른 사람들이 보지 못하는 새로운 시장의 기회를 찾아 도전하는 정신이라고 할 수 있어요.

기업가정신이 뛰어난 사람으로는 정주영, 이병철 등을 꼽을 수 있어요. 정주영은 모두가 어렵다고 했던 조선과 자동차 산업에 뛰어들어 우리나라 경제를 눈부시게 발전시켰고, 이병철은 미래를 내다보고 당시 사람들에게는 낯설었던 반도체 산업에 도전, 이를 토대로 삼성을 세계적인 기업으로 키울 수 있었지요.

세계시장은 날이 갈수록 빠르게 변화하고 있어요. 안정된 시장에서 똑

같은 제품을 만드는 것만으로는 이윤을 내기 힘들지요. 그래서 오늘날 기업은 민첩하고 빠르게 시장성을 내다보고, 새로운 사업에 과감히 투자하는 모험을 해야만 합니다.

또한 기업가들 중에는 록펠러처럼 자신이 번 돈을 자신만을 위해 쓰지 않고 사회에 기부하여 어려운 사람을 돕는 사람들이 많이 있어요. 기업가 정신이 뛰어난 정주영과 이병철도 자신이 번 돈을 사회에 다시 투자하고, 어려운 사람을 위하여 기부하기도 하였답니다.

## 기업가가 되고 싶다면?

훌륭한 기업가가 되려면 어떻게 해야 할까요? 성공한 기업가들에게는 몇 가지 공통점이 있어요. 가장 먼저 실패를 두려워하지 않는 정신을 가지고 있지요. 세계 최고의 부자가 된 록펠러이지만 겨우 4달러밖에 안 되는 일당을 받고 일해야 했던 힘든 때도 있었다고 해요. 또 처음 시작한 사업이 실패하기도 했지요. 하지만 록펠러는 끝까지 포기하지 않았어요. 언젠가 자신이 원하는 일을 할 수 있을 거라는 꿈과 믿음을 갖고 있었던 거예요. 훌륭한 기업가가 되려면 바로 이런 마음가짐이 필요해요.

또 공부도 열심히 해야 하고 다양한 경험도 해 봐야 할 거예요. 많은 경험을 하기 위해서는 어떻게 해야 할까요? 제일 좋은 방법은 책을 통해 다양한 지식과 경험을 얻는 것이에요. 성공한 기업가들 중에는 독서광들이 많아요. 전구 발명으로 더 잘 알려져 있는 세계적인 기업 GE(제너럴일렉트릭, General Electric)의 창립자 에디슨이나, 세계 최고의 투자 전문가인 워렌 버핏도 손에서 책을 놓지 않기로 유명하답니다.

# 돌부처에게 비단을 판 바보

 옛날 어느 마을에 착한 아들이 살았어요. 아들은 날마다 동네 사람들에게 얼뜨기라고 놀림 당하기 일쑤였지요. 어린애들까지도 아들을 '알나리 깔나리' 하며 놀려댔어요. 속이 상한 어머니는 아들에게 장사를 시켜 보기로 마음먹었어요. 그러면 사람들을 많이 상대해야 할 테니, 살아가는 데 이런저런 요령도 생기고, 배울 수 있는 것도 많을 거라고 생각했던 거예요.
 "자, 이 은수저를 팔아 오너라."
 어머니는 아들에게 장에 가서 은수저를 팔아 오라고 시켰어요. 보통 은수저는 은화 한 냥 정도 하니까, 그 값을 받고 팔면 된다고도 일러 줬지요. 아들은 고개를 끄덕이고는 시장으로 갔어요. 시장은 사람들로 북적였지요.
 아들은 주위를 살피다가 은수저를 쥔 팔을 하늘 높이 치켜들고서 크게 외쳤어요.

"은수저 사려~ 은수저! 한 냥에 팔아요!"

그런데 이게 웬일일까요.

옆에 서 있던 장사꾼이 은수저에다가 은가락지까지 더해서 한 냥에 팔겠다고 외치지 뭐예요. 당연히 사람들은 같은 값에 은수저랑 은가락지를 함께 파는 사람에게 물건을 사려고 했지요. 한 개를 사면 다른 한 개를 더 끼워 주는데 누가 그걸 마다하겠어요?

"이러다간 은수저를 못 팔겠네!"

아들은 애가 타기 시작했어요. 아무도 아들의 은수저를 거들떠보지 않는 거예요. 그렇다고 마음대로 한 냥보다 값을 내렸다간 어머니한테 혼이 날 테고요. 이러지도 못하고 저러지도 못한 채 발만 동동 구르던 아들은 빈손으로 집에 돌아가야 했답니다.

"은수저 한 벌도 못 팔다니, 그래서 무슨 일을 하겠느냐."

"옆에 있던 장사꾼이 더 싼 값을 불렀단 말입니다."

아들은 볼멘소리를 했어요.

"그러면 내일은 은수저 대신 금가락지를 팔아 오너라."

어머니는 고이고이 싸 두었던 금가락지를 꺼내 보였어요. 시집올 때 가져온 패물이라고 하셨지요.

"이건 반드시 금화 한 냥에 팔아야 한다."

"예, 알겠어요."

아들은 기필코 내일은 물건을 팔겠다고 다짐하며 잠이 들었어요.

이튿날, 아들은 아침 일찍 장터로 갔어요. 아들은 목이 좋은 자리를 찾아 두리번거렸지요. 때마침 눈에 딱 띄는 자리가 보였어요. 아들은 얼른 그 자리로 가서 어머니가 준 금가락지를 꺼냈지요. 헌데, 옆에 선 장사꾼도 금가락지를 꺼내는 게 아니겠어요?

"이보시오, 그걸 얼마에 파실 생각이요?"

아들이 물었더니 장사꾼이 대답했어요.

"나는 금화 두 냥에 팔 생각이라오."

'옳거니, 나는 금화 한 냥에 팔 생각이니까 사람들이 내 물건을 사겠지?'

바보 아들이 씩 웃었어요. 그런데 그 옆에 또 다른 장사꾼이 자리를 잡는 게 보였어요. 그 장사꾼도 금가락지를 팔려는 것 같았어요.

"이보시오, 당신은 그걸 얼마에 파실 생각이요?"

아들이 물었더니 또 다른 장사꾼은 금화 한 냥 반에 팔 작정이라고 했어요. 아들은 '옳다구나!' 하고 콧노래를 불렀어요. 이번에는 제일 먼저 금가락지를 팔 수 있을 것 같았지요. 그런데 장사꾼들이 아들에게 이렇게 묻는 거예요.

"당신은 그걸 얼마에 파실 생각이요?"

"난…… 이 금가락지를 금화 한 냥에 팔 생각이오."

아들이 이렇게 대답하자 장사꾼들은 아들에게 서로 입을 맞추자고 했어요.

"입을 맞추자고요?"

"우리 셋은 모두 금가락지를 팔러 나온 장사꾼들 아니오. 그런데 금가락지 값이 들쭉날쭉 하면 제일 싼 곳에서 물건을 사기 마련 아니겠소."

"그렇지."

"하지만 싸게 팔아봤자 좋을 게 뭐 있겠소? 그냥 우리 모두 금가락지 값을 금화 두 냥으로 정합시다. 그리고 그 밑으로는 절대 팔지 않기로 하는 거요."

"하지만 너무 비싸지 않을까요?"

아들이 걱정스레 물었어요. 하지만 장사꾼들은 뻔뻔하게 말했어요.

"이 시장에서 금가락지를 파는 사람이라곤 달랑 우리 셋뿐이잖소. 우리가 반드시 그 값을 받고 팔아야겠다고 우기면 사람들이 별 수 있겠소? 다른 고을 장터로 가서 금가락지를 사거나, 아니면 우리 걸 사거나 둘 중 하나를 택하는 수밖에."

"나는……."

아들은 망설이다가 싫다고 대답했어요. 그랬더니 다른 장사꾼들이 아들을 시장에서 내쫓아버렸지 뭐예요.

결국 아들은 빈손으로 집에 돌아가야만 했어요.

"금화 두 냥을 받고 팔자고 하면 그럴 것이지, 왜 그렇게 하지 않았느냐?"

"어머니가 준 가락지는 낡은 것이었습니다. 그건 금화 두 냥의 값어치를 못하는 물건이었단 말입니다."

아들은 정직하게 장사를 하려니 어쩔 수 없었다고 대답했지요. 어머니는 한숨을 내쉬었어요. 다음날, 어머니는 아들에게 비단 세 필을 내밀었어요.

"이번에는 다른 장사꾼들에게 무엇을 팔지 얘기하지 말거라. 가격이 얼마냐고 꼬치꼬치 따져 묻는 사람에게도 팔지 말고, 그저 묵묵히 제 값을 주는 사람에게 비단을 팔거라."

아들은 고개를 끄덕이고 장으로 갔지요. 그런데 장터에 모인 사람들은 아들을 보자마자 가격을 깎아 달라는 둥, 더 싸게 팔 수는 없냐는 둥, 다른 물건을 끼워 달라는 둥 말이 많았어요. 아들은 그 사람들을 다 물리치고 길을 걸었지요. 어딘가 어머니가 말한 조용한 손님이 있을 거란 생각으로 길을 떠난 거였어요.

그렇게 얼마나 걸었을까요. 어느새 해가 뉘엿뉘엿 지기 시작했어요. 아들은 비단 보따리를 내려 놓고 아픈 다리를 통통 두들겼지요. 그리고 잠시만 쉬었다가 가야지 하고 눈을 감았는데, 피곤했는지 그만 잠이 들어 버리고 말았어요. 한참 만에 눈을 뜬 아들은 화들짝 놀랐지요. 주변이 캄캄해서 어디가 어딘지 알아볼 수 없었던 거예요.

아들은 더듬더듬 조심스럽게 길을 걸었어요. 그러다가 시커먼 그림자를 발견하게 됐지요. 아들은 그 사람에게 길을 물었어요.

"혹시 여기가 어딘지 아시오?"

그 사람은 대답이 없었어요.

"나는 비단을 팔러 온 사람이오. 혹시 이 비단을 살 생각은 없으시오?"

그 사람은 여전히 대답을 하지 않았어요. 순간 아들은 어머니의 말씀이 떠올랐지요. 묵묵히 물건을 살 사람을 찾으라는 바로 그 말씀 말이에요. 아들은 그 사람 앞으로 슬그머니 다가가서 비단을 내려 놓았어요.

"비단 세 필이라오. 돈이 없다면 내일 받으러 올 테니 당신이 사가시구려."

역시 그 사람은 말이 없었어요. 아들은 이 사람이야말로 어머니가 말한 손님이 틀림없을 거라고 생각했지요. 아들은 비단을 놓아 둔 채 더듬더듬 집을 찾아갔어요.

"비단은 팔았느냐?"

집에 오니 어머니가 물었어요. 아들은 어머니가 말씀하신 손님에게 비단을 팔았다고 자랑했지요. 이튿날, 아들은 비단 값을 받으러 갔어요. 한참 길을 헤매다 보니 어제 지났던 그 자리에 손님이 서 있는 게 보였지요.

"비단 값을 받으러 왔소."

아들은 손님에게 비단 값을 달라고 했어요. 하지만 손님은 여전히 말이 없었어요. 아들은 비단을 공짜로 줄 수는 없다며 손님을 잡고 마구 흔들었어요. 그랬더니 이게 웬일이에요. 손님이 '쿵!' 하고 쓰러지자 발밑에서 엄청난 양의 금은보화가 나타난 것이었어요.

"아하, 비단 값을 여기다 숨겨 놓으셨구려."

아들은 그 금은보화를 챙겨들고 집으로 돌아갔어요. 아들을 본 어머니는 눈을 휘둥그레 뜨고 물었지요.

"에구머니, 이게 다 무엇이냐?"

"그 손님이 제게 비단 값으로 준 것이랍니다."

아들은 헤벌쭉 웃으며 말했어요.

사실, 아들이 밀어 넘어트린 건 사람이 아니라 돌부처였답니다. 그 돌부처 아래는 도둑들이 보물을 숨겨 두는 곳이었는데, 아들이 그것을 냉큼 가져온 것이지요. 어쨌거나 비단 값도 받고 장사도 성공했으니 좋은 일 아니겠어요?

# 바보가 가 본 자유경쟁시장

경제원리 05

## 기업들은 왜 경쟁을 할까요?

바보 아들은 은수저 한 벌을 팔러 시장에 왔지요. 그런데 똑같은 값에 은수저에 은가락지까지 주겠다는 장사꾼이 나섰어요. 사람들은 당연히 은수저랑 은가락지를 함께 준다는 사람에게 물건을 사려고 했지요. 누구나 같은 돈이면 더 많은 물건을 얻으려고 하는 게 당연해요. 그래서 아들이 내다 팔려고 가져온 은수저는 비싸기만 할 뿐 다른 물건보다 나은 선택은 아니었던 거예요.

이처럼 소비자들은 합리적인 소비를 하려고 노력한답니다. 우리는 인터넷 검색으로 사려는 물건의 가장 싼 가격을 알아볼 수 있어요. 또 마트에서는 물건 하나를 사면 덤으로 한 개를 더 주는 상품들을 쉽게 만날 수 있지요. 소비자는 이러한 상품들 가운데 자신에게 꼭 필요한 양질의 상품을, 좀 더 싸게 구입하려고 해요. 모든 기업들이 다른 기업보다 자신들의 제품을 더 좋고 더 싼 가격으로 만들어 경쟁하려는 이유이지요.

## 기업들은 어떻게 서로 경쟁을 할까요?

신발을 만드는 A 회사와 B 회사가 있어요. 이 두 회사는 어떻게 경쟁할까요? 소비자가 자신의 제품을 더 사고 싶도록 질 좋은 제품을 개발하고, 새로운 판매 방법을 시도하며, 가격을 더 낮추기 위하여 노력하겠지요. 두 기업의 이러한 경쟁은 결과적으로 소비자에게 더 싸고, 더 좋은 제품을 제공할 수 있도록 해요.

오늘날의 시장은 자유경쟁에 가까운 시장입니다. 누구나 물건을 만들어 팔 수 있고, 소비자는 누구에게서든 더 싸고, 좋은 제품을 살 수 있으며, 원하는 제품의 정보도 손쉽게 얻을 수 있다는 뜻이지요. 그래서 어떤 기업의 제품이든 경쟁력을 갖추지 않으면 합리적인 소비자들은 이를 금방 알아보고 사려고 하지 않을 거예요. 그래서 기업들은 끊임없이 더 좋은 제품을 만들기 위해 노력합니다.

## 자유경쟁을 피하면 어떤 문제가 일어날까요?

때때로 기업들은 자유경쟁을 피하려고 해요. 예를 들어 시장을 독점을 하거나, 가격 담합을 하여 소비자들이 더 비싼 값을 주고 물건을 살 수밖에 없도록 하는 것이지요.

같은 물건을 판매하는 둘 이상의 기업이 모여서 물건의 가격을 한꺼번에 올리거나, 서비스를 이용하지 못하게 하는 것을 '담합'이라고 해요. 금가락지를 팔러 나온 장사꾼들이 서로 가격을 금화 두 냥으로 정하고, 그 밑으로 팔지 않기로 한 것이 바로 담합이지요.

독점을 하거나 담합을 하게 되면 소비자들은 어쩔 수 없이 그 가격에 물건을 살 수밖에 없어요. 이러한 피해를 막기 위해서 나라에서는 공정거래법과 독점금지법 등을 만들어 기업을 통제하고 있답니다.

# 냄새 값,
# 소리 값

옛날 옛적 한 마을에 아주 욕심 많은 영감이 살았어요. 가자미처럼 쭉 찢어진 눈은 혹시 남의 것 빼앗을 게 없나 이리 비쭉, 저리 비쭉! 토끼처럼 길쭉한 귀는 혹시 남의 것 빼앗을 게 없나 이리 쫑긋, 저리 쫑긋! 오동통 터질 것 같은 볼살에는 심술이 출렁출렁 흔들렸지요.

욕심쟁이 영감은 남들이 저희 집 대문 앞에서 크게 숨을 쉬는 것도 싫어했어요. 혹시 제 집 앞 공기가 줄어들면 어쩌나, 아까워서 말이에요. 어느 해, 마을에 큰 흉년이 들었어요. 논밭이 쩍쩍 갈라지고 곡식이 새카맣게 타 들어 갔지요. 이 집, 저 집 할 것 없이 배고프다는 아우성이 요란했어요.

그러자 욕심쟁이 부자 영감은 문을 꽁꽁 걸어 잠가 버렸어요. 금쪽같이 모아 둔 곡식들을 사람들이 빌려 달라고 할까 봐 그런 것이었어요.

어느 날 부자 영감네에서 지글지글 고기 굽는 냄새가 나기 시작했어요. 굶주린 사람들은 영감네 집 앞에 모여들어 고기 냄새에 군침을 삼켰지요. 그런데 갑자기 부자 영감이 대문을 활짝 열고 나와 사람들에게 일렀어요. 글쎄, 고기 냄새 맡은 값을 내놓으라며 억지를 부리지 뭐예요.

"네 이놈들, 냄새 값을 내놓아라!"

"냄새 값이요?"

"내가 돈을 주고 고기를 사 오지 않았다면 너희들이 어떻게 냄새를 맡을 수 있었겠느냐? 내가 열 냥을 주고 윗마을까지 가서 고기를 사 왔으니 잔말 말고 냄새 맡은 값으로 다섯 냥을 내놓아라!"

영감은 냄새 값을 주지 않으면 사람들을 관아에 고발하겠다고 떼를 썼어요. 사람들은 한숨을 푸, 푸 내쉬었지요.

"당장 쌀을 사 먹을 돈도 한 푼 없는데 무슨 수로 냄새 값을 마련한단 말인가."

"만약 그 돈을 내놓지 않으면 저 고약한 영감이 진짜 우리를 관아에 고발할지도 몰라요."

사람들의 걱정은 이만저만이 아니었어요.

그렇게 하루 이틀이 흘렀답니다. 마을 사람들은 영감의 못된 성질을 잘 아는 터라, 여기저기 손을 벌려 돈을 마련했어요. 그리고 냄새 값으로 다섯 냥을 내어 주었지요. 그랬더니 영감이 정색을 하고는 돈이 모자라다고 하지 않겠어요?

"돈이 모자라다니요!"

"자고로 돈을 빌려 주면 이자를 받아야 하지 않겠는가. 내가 너희에게 받을 돈을 이틀이나 못 받았으니, 내가 너희에게 이틀간 다섯 냥을 빌려준 셈으로 쳐야지. 그러니 이자도 내어 놓아라."

부자가 억지를 쓰니 당할 수가 있나요. 결국 사람들은 절절매며 한숨만 내쉬었지요. 그런데 마침 한 나무꾼이 길을 지나가다 그 소리를 듣게 되었어요. 그 나무꾼은 뒷산으로 나무를 하러 가는 길이었어요.

"아니, 무슨 일인데 여기 모여서 한숨을 쉬고 계신 겁니까?"

마을 사람들은 나무꾼에게 속닥속닥 사정 이야기를 들려주었지요. 이야기를 들은 나무꾼이 무언가 생각난 듯 말했어요.

"저한테 고약한 부자 영감을 골려 줄 방법이 있습니다. 저만 믿으시오."

나무꾼은 자신이 나무를 해서 번 돈 다섯 냥을 같이 쓰면 된다고 했지요. 사람들은 나무꾼을 말렸어요.

"우리를 위해 당신이 어렵게 번 돈을 영감에게 줄 이자로 내놓겠다는 것이요?"

"더군다나 당신은 나무를 하러 가던 길이 아니었소. 우리 때문에 나무도 못하고 그것 또한 얼마나 큰 손해겠소."

"아닙니다. 저는 지금 투자를 하는 겁니다."

"투자라니요?"

"투자는 돈을 벌 수 있을지, 아닐지 모르는 일에 현재 제가 가진 돈을 거는 것 아니겠습니까. 그래서 돈을 벌게 되면 그 대가로 더 큰돈을 얻을 것이고, 만약 그렇지 못하면 어쩔 수 없겠지요."

"하지만 부자 영감에게 그 돈을 빼앗기기라도 한다면……."

사람들이 말렸지만 나무꾼은 자신을 믿으라며 방긋 웃기만 했어요. 그러더니 커다란 주머니에 자신의 돈과 사람들이 구해 온 돈 전부를 담지 뭐예요.

나무꾼은 그 길로 부자 영감의 집을 찾아가 큰소리로 외쳤지요.

"냄새 맡은 값 가지고 왔습니다, 영감마님!"

영감은 '옳거니!' 하고 버선발로 뛰어나갔지요.

"이자까지 준비해 왔느냐?"

"그럼요. 이자 다섯 냥도 준비해왔습니다요."

"그래, 어서 돈을 이리 주거라."

그러자 나무꾼이 돈주머니를 든 채 짤랑짤랑 소리를 냈어요.

"돈을 가져왔으면 냉큼 내놓을 일이지, 지금 나를 놀리는 게냐?"

그래도 나무꾼은 끝까지 돈주머니를 주지 않았어요. 부자 영감은 머리 끝까지 화가 났지요. 그러거나 말거나 나무꾼은 자루에 든 돈을 실컷 흔들어 보이고서는 돌아가려고 했어요. 부자 영감은 씩씩거리며 하인들을 불러다 나무꾼을 관아로 끌고 갔지요.

"원님, 원님. 이렇게 억울할 때가 있습니까. 아, 글쎄 이놈이 돈을 갚으러 와서 딸랑딸랑 소리만 내고는 그냥 가려는 겁니다."

"그게 무슨 소린가?"

원님의 물음에 부자 영감은 조곤조곤 자초지종을 이야기했어요.

"제가 고기를 사 왔으니, 사람들이 고기 냄새를 맡을 수 있었던 것 아니겠습니까. 제 덕에 냄새를 맡은 것이니 당연히 냄새 값을 내놓아야지요."

부자 영감의 말에 원님은 고개를 끄덕거리며 나무꾼에게 물었어요.

"너는 어째서 냄새 값을 가지고 오고도 주지 않은 것이냐?"

"무슨 말씀이세요, 저는 분명히 냄새 값을 냈습니다."

"아, 이놈 보소. 이놈이 이렇게 시치미를 뚝 떼고 부아를 치밀게 만든다니까요, 원님. 이놈아, 네가 언제 나한테 돈을 줬느냐? 나는 그 돈을 보지도 못했다!"

부자 영감이 발을 동동 굴렀어요. 그랬더니 나무꾼이 말했지요.

"마을 사람들도 고기는 구경도 못했습니다. 그러니 저도 영감마님에게 짤랑짤랑 돈 소리만 들려드렸지요."

나무꾼의 말에 원님은 무릎을 탁 쳤어요.

"옳거니! 냄새 값은 소리로 내는 게 이치에 맞고말고."

나무꾼이 원님에게 머리를 조아리며 말했어요.

"원님, 저는 나무를 해야 하는 몸입니다. 그런데 이 영감 때문에 여기로 끌려와서 나무도 제대로 할 수 없었습니다. 그러니 영감에게 제 하루치 나무 값을 받을 수 있도록 해 주십시오."

"옳거니, 그 말도 이치에 맞도다."

"아이고, 원님! 이런 법이 어디 있습니까?"

원님은 부자 영감에게 당장 나무 값을 치르라고 으름장을 놓았어요. 부자 영감은 결국 나무꾼에게 큰돈을 내어 주고 말았지요.

경제원리 06

# 영감마님이 정한 이자율

## 이자와 이자율은 어떻게 정할까요?

영감마님은 사람들에게 고기 냄새 값을 내놓으라고 억지를 부렸어요. 게다가 사람들이 돈을 구해오는 며칠 사이에 이자가 생겼다며 처음에 말했던 다섯 냥에 다섯 냥을 더 얹어 내놓으라고 하지요. 이자는 원금에 더하여 갚아야 하는 돈으로 원금에 대한 이자율은 돈을 빌려준 사람과 빌린 사람이 정하게 되어 있어요. 그런데 영감마님은 이자율을 자기 마음대로 정해 버렸지요.

보통 이자율은 은행이나 금융회사가 빌려줄 수 있는 돈이 많으면 낮아지고, 돈을 빌리려는 사람이 많아지면 올라가게 된답니다. 저축하는 입장에서는 반대가 되지요. 저축을 늘리면 금융회사에서는 빌려줄 돈이 많으니 이자율을 높게 정할 필요가 없어요. 하지만 저축이 줄어들면 빌려줄 돈이 없으니 이자율을 높이게 되지요. 또한 저축을 많이 하면 은행에 돈이 쌓여 기업의 생산 활동에 투자할 수 있는 자본이 늘어나는 장점이 있어요.

## 저축과 투자는 왜 할까요?

먼 바다에서 배가 풍랑을 만나 낯선 무인도에 가게 되었다면 어떻게 해야 할까요. 먼저 먹을 것을 구하기 위해 물고기라도 잡아야겠지요. 맨손으로 잡을 수 있는 물고기는 고작 한두 마리일 거예요. 하지만 그물을 구할 수 있다면 더 많은 물고기를 잡을 수 있겠지요.

여러분이 만약 맨손으로 물고기 잡는 것을 멈추고 그물을 만든다면 어떻게 될까요? 당장은 배가 고플지 몰라도 그물을 만들고 나면 더 많은 물고기를 잡을 수 있을 거예요. 게다가 물고기를 잡는 데 드는 시간도 줄어들어 다른 일을 더 많이 할 수 있겠지요.

이러한 행동을 경제학적으로 생각해 본다면, 물고기 잡는 것을 중단하고 그물을 짠 것은 시간이라는 귀중한 자원을 저축하여 투자한 것이 됩니다. 저축과 투자를 통하여 그물이라는 도구를 얻고, 그것을 이용해 더 많은 물고기를 잡게 된 것이지요. 이와 같이 사람들은 생산성을 증가시키고 생활 수준을 높이기 위해 저축을 하고 투자를 합니다.

## 주식이란 무엇일까요?

큰 회사를 세우기 위해서는 큰돈이 필요해요. 한 개인이 그렇게 큰돈을 가지고 있는 경우는 많지 않지요. 그래서 기업을 세우기 위해 만드는 것이 바로 주식이에요. 주식이란 회사의 소유권을 나타내는 증서이고 이것을 팔아 모은 돈으로 세워진 회사를 주식회사라고 해요. 따라서 주식회사의 주인은 한 사람보다는 여러 사람인 경우가 많아요. 그래서 주식을 가진 사람들을 주주라고 부르지요.

　기업은 주주들에게 투자받은 돈으로 물건과 서비스를 만들어 팔고, 이윤을 내서 다시 주주들에게 돈을 돌려주어요. 주주들은 투자금에 이자를 더해 돌려받는 셈이지요. 때문에 주주들은 투자할 기업의 성장 가능성을 꼼꼼히 따져 본답니다. 기업들은 투자자들에게 최대한 많은 이윤을 돌려주어 새로운 투자자들이 더 많은 돈을 투자하도록 합니다.

　만약 회사가 이윤을 많이 내지 못하면 회사의 가치가 떨어지고, 주식의 가격도 떨어지지요. 결국 주주들은 손해를 보게 됩니다. 기업이 파는 주식의 가격은 원금보다 더 떨어질 수 있고 기업은 주주가 투자한 원금을 꼭 돌려줄 의무는 없어요. 주식투자를 통해 많은 돈을 벌 수도 있지만 한꺼번에 잃어버릴 수도 있지요. 따라서 투자를 할 때는 신중하게 생각해 보고 해야 한답니다.

# 지혜로운 개구리 신부

옛날 러시아의 어느 마을에 아이가 없는 부부가 살고 있었어요. 부부는 날마다 아이를 갖게 해 달라고 기도했지요. 간절한 기도 덕분이었을까요?

드디어 부부는 아이를 갖게 되었답니다. 열 달이 지나고, 마침내 아내가 아이를 낳게 되었어요.

"세상에! 이 일을 어쩌면 좋아!"

아기를 본 부부는 깜짝 놀라지 않을 수 없었어요. 글쎄, 아이가 암컷 개구리였지 뭐예요. 비록 개구리이긴 하지만, 부부는 딸을 정성껏 키웠어요. 개구리 딸은 겉모습만 개구리일 뿐 여느 사람과 같이 생각도 하고 말도 할 수 있었답니다.

그러던 어느 날이었어요. 개구리 딸이 온종일 노래를 부르는 게 아니겠어요?

"애야, 듣는 사람도 없는데 그만 부르렴."

부부가 말렸지만, 딸은 아침부터 밤까지 내내 노래를 불렀어요. 그날 밤이었어요. 누군가 밖에서 부부의 집 문을 두드리지 뭐예요. 놀랍게도 그 사람은 바로 왕자였어요.

사냥을 갔다가 길을 잃은 왕자가 숲을 헤매고 있는데, 마을에서 들려오는 노랫소리를 듣고 여기까지 찾아온 거예요.

"마치 나를 부르는 노랫소리로 들렸습니다. 덕분에 길을 찾아 살아 돌아올 수 있었어요. 노래를 부른 사람이 대체 누굽니까?"

부부가 딸이 부른 노래라고 대답하자, 왕자는 냉큼 청혼을 했어요.

"내 목숨을 구해 준 따님께 청혼하고 싶습니다."

부부는 걱정하며 개구리 딸에게 이 사실을 얘기했지요.

"괜찮아요. 왕자님께 사방이 막힌 마차를 준비해서 저를 데리러 와 달라고 말씀해 주세요. 또 성 안에 제가 지낼 방을 따로 만들어 달라고 부탁해 주세요.

그리고 절대로 제가 허락하기 전까지는 그 방에 아무도 들어와서는 안 된다고 전해주세요."

부부는 개구리 딸이 한 말을 왕자에게 그대로 전해 주었어요. 왕자는 그런 일쯤은 얼마든지 해 줄 수 있다며 고개를 끄덕였지요.

며칠 뒤, 개구리 딸을 태울 마차가 도착했어요. 개구리 딸은 폴짝 마차 안으로 뛰어올랐어요. 마차를 타고 성으로 간 개구리는 왕자가 만들어 준 방으로 갔지요. 왕자는 약속대로 그 방에서 개구리 딸이 혼자 지낼 수 있도록 해 주었어요.

하지만 며칠이 지나, 신부의 얼굴이 보고 싶어 참을 수 없었던 왕자는 처음의 약속을 어기고 방 안으로 불쑥 들어가 보았지 뭐예요. 방문이 열리는 찰나, 개구리는 잽싸게 침대 밑으로 몸을 피했지요.

그날 밤, 개구리는 왕자가 약속을 어겼다며 집으로 돌아왔어요.

이튿날, 왕자가 부부의 집으로 신부를 찾으러 왔어요.

"내가 잘못했소. 다시 나의 청혼을 받아 주시오."

왕자는 개구리에게 다시 신부가 되어 달라고 사정했어요. 그러자 개구리 딸은 이번에는 마차 대신 말 한 마리와 황금 끈을 준비해 달라고 말했어요. 왕자가 당장 말과 끈을 가져오자, 개구리는 성으로 돌아가서 기다려 달라고 말했지요.

왕자는 말을 타고 오게 될 신부가 어떻게 생겼을지 궁금해서 견딜 수가 없었어요. 왕자는 목을 쭉 빼고 성 밖만 바라봤지요. 얼마나 지났을까. 신부에게 보낸 말이 저 멀리 돌아오고 있었어요. 그런데 그 말에 매단 황금 끈 끝에는 개구리 한 마리가 대롱대롱 매달려 있지 뭐예요.

"설마……."

왕자는 자기 신부가 개구리라는 것을 알고 무척 놀랐어요. 하지만 이미 자신이 두 번이나 청혼했고, 약속을 어길 수 없다고 생각한 왕자는 개구리를 아내로 맞이하기로 했어요.

아침이 되자 온 백성들이 신부를 보기 위해 몰려왔어요. 왕자는 신부가 개구리인 것을 어떻게 말하면 좋을까 고민했지요. 그런데 갑자기 신부의 방에서 왕과 왕비의 찢어질 듯 요란한 비명소리가 들려왔어요. 자신의 아들과 결혼할 신부가 궁금해 방으로 찾아갔다가 개구리 신부를 본 것이지요.

너무나 놀라고 화가 난 왕과 왕비는 아들에게 당장 개구리 신부와 결혼을 그만 두라고 했어요. 하지만 왕자는 개구리 신부와의 약속을 지키겠다고 했어요.

"좋다, 네가 저 개구리와 결혼을 하겠다면 우리는 너를 아들로 인정하지 않을 것이다. 썩 나가거라!"

결국 왕자는 개구리 신부와 함께 성에서 내쫓기고 말았지요. 우울해 하는 왕자 곁에서 개구리 신부는 또 다시 노래를 불렀어요. 왕자는 더 이상은 개구리 신부의 노래를 듣고 싶지 않았어요.

"제발 노래를 멈추시오. 우린 이제 아무것도 가진 게 없는 가난뱅이란 말이오."

"왕자님, 제가 시키는 대로 해 보세요. 그럼 아주 큰 부자가 될 수 있을 거랍니다."

개구리 신부는 성에 올 때 왕자가 보내 주었던 황금 끈을 꺼내 왔어요. 그리고는 황금 끈을 반으로 잘라 왕자에게 건네며 말했어요.

"자, 이걸로 우물을 만들고, 길을 내고, 방앗간을 지으세요."

"그런 것들을 만들어 무얼 한단 말이오?"

"사람들이 공짜로 쓸 수 있게 하지요."

왕자는 개구리 신부가 말한 대로 했어요.

"시키는 대로 다 만들었소."

개구리 신부는 왕자에게 석 달 열흘을 기다리라고 했지요. 왕자는 영문도 모른 채 석 달 열흘이 지나기만 기다렸어요. 그 사이 백성들은 신이 났어요. 길이 넓어지고, 우물이 생기고, 게다가 공짜로 쓸 수 있는 방앗간까지 생겼으니 얼마나 편리했겠어요. 사람들은 입을 모아 왕자를 칭찬했지요.

"우리 왕자님은 정말 훌륭한 분이셔!"

"암, 그렇고말고!"

사람들은 국왕보다 왕자를 더 칭찬했어요. 석 달 열흘이 지나자 개구리 신부는 왕자에게 황금 끈의 남은 반절을 내어주며 학교를 세우고, 병원을 세우고, 도서관을 세우라고 했어요.

"이번에도 공짜로 쓰게 그것들을 지으란 말이요?"

"네, 공짜로요."

이번에도 왕자는 개구리 신부가 시킨 대로 했지요.

그러자 온 나라 안에 왕자에 대한 칭찬이 자자해졌어요. 그 소식을 들은 왕과 왕비는 고개를 갸웃 했어요.

어느 날 개구리 신부가 왕자에게 말했어요.

"왕자님, 이제 슬슬 성으로 돌아갈 준비를 하세요."

"돌아가도 괜찮을까요?"

"당연하지요."

개구리 신부는 자신 있게 대답했어요. 놀랍게도 얼마 후 왕이 보낸 신하가 왕자를 찾아왔어요. 신하는 왕자에게 이제 그만 성으로 돌아와도 좋다는 말을 전해 주었지요. 왕자는 신기한 눈으로 개구리 신부를 바라보았어요.

"대체 어떻게 알았소?"

"온 나라에 왕자님에 대한 칭찬이 자자해졌으니 왕자님을 후계자로 삼지 않을 수가 없겠지요."

"옳거니!"

개구리 신부가 왕자에게 백성들이 편리하게 쓸 수 있는 우물과 방앗간을 만들고, 병든 사람을 돌볼 수 있는 병원과 아이들이 공부할 수 있는 학교를 지으라고 한 것은 백성들의 신임을 얻기 위해서였어요. 백성들로부터 큰 사랑과 믿음을 얻게 된 왕자는 당당하게 성으로 돌아갈 수 있게 된 것이지요.

"이 모든 게 개구리 신부가 시킨 대로 한 일일 뿐입니다."

성으로 돌아간 왕자는 개구리 신부의 지혜로움에 대해 얘기했어요. 왕과 왕비는 개구리 신부를 직접 만나 보겠다고 했지요. 그들은 개구리 신부가 있는 성으로 찾아갔어요.

그런데 바로 그때 아름다운 신부가 노래를 부르며 나타나는 게 아니겠어요?

"왕자님께서 저와 결혼하겠다는 약속을 지키지 않았다면 마법을 풀 수 없었을 거예요."

그래요. 그 개구리는 사실 마법에 걸렸던 이웃 나라의 공주였던 거예요. 결국 왕과 왕비도 지혜롭고 현명한 공주님에게 두 손을 들고 말았답니다.

"좋다, 너희의 결혼을 인정해 주마."

이렇게 해서 마법이 풀린 개구리 공주는 왕자와 오래오래 행복하게 살았답니다.

# 개구리 신부가 만든 공공재

경제원리 07

## 외부효과란?

경제에는 '외부성'이라는 것이 있어요. 외부성이란 어떤 활동이나 현상이 전혀 생각지도 못했던 혜택이나 손해를 만들어 내는 것을 말해요. 사람들에게 혜택을 가져다 주는 것은 '긍정적 외부효과'라고 하고, 손해를 가져다 주는 것은 '부정적 외부효과'라고 한답니다.

예를 들면 정원을 가꾸는 일은 다른 사람들이 아름다운 꽃과 나무를 볼 수 있으므로 긍정적 외부효과라고 할 수 있지요. 개구리 신부 이야기 속에서 딸의 노랫소리에 왕자가 길을 찾을 수 있었던 것도 긍정적 외부효과랍니다. 부정적 외부효과로는 공장에서 매연과 폐수를 발생시켜 환경을 오염시키는 것, 음주운전으로 사고를 일으켜 다른 사람을 해치는 것, 담배를 피워서 옆 사람의 건강을 해치는 것 등이 있어요.

## 공공재는 무엇일까요?

사람들이 필요로 하는 모든 재화와 서비스를 시장에서 공급하지는 않아요. 기업이 생산하는 재화와 서비스는 돈을 지불해야만 얻을 수 있지요. 그러나 물, 전기, 가스와 같은 재화와 경찰서, 소방서의 서비스는 돈이 없는 가난한 사람들에게도 꼭 필요한 것들이에요. 그래서 정부는 사람들이 가진 돈의 많고 적음과 상관없이 생활에 꼭 필요한 기본적인 재화와 서비스를 이용할 수 있도록 한답니다. 바로 이러한 것들을 '공공재'라고 해요.

## 공공재의 문제점은 무엇일까요?

공공재는 나라가 국민의 편의를 위해 국민의 세금으로 만든 것이라 돈을 내지 않고도 이용할 수 있어요. 그래서 '공짜 승객'들이 넘쳐나게 되지요. 예를 들어 바다 한가운데에 등대가 만들어져 있다면 근처의 배들은 그 불빛의 도움을 받겠지요. 나라에 정당한 세금을 내지 않고 고기를 잡으러 나온 배도 같은 불빛을 비용 없이 이용할 수 있을 거예요. 바로 '공짜 승객'이라고 볼 수 있죠.

공짜 승객들이 많아지게 되면 시장에서의 공급이 잘 이루어지지 않아 사회가 필요로 하는 것보다 공공재의 공급이 적어질 가능성이 큽니다. 이러한 특성 때문에 그동안 공공재의 적정한 수요를 예측하고 공급하는 일은 정부가 맡아 왔어요. 하지만 정부도 공공재에 대한 수요를 제대로 파악하는 것이 어렵고 잘못 판단할 가능성이 크기 때문에, 최근에는 공공재도 시장 내에서 공급이 이루어질 수 있도록 많은 사람들이 연구를 하고 있답니다.

# 어린 원님

옛날 어느 고을에 원님이 새로 오셨어요.

사람들은 기대를 잔뜩 품고서 원님을 맞이하러 갔지요. 그런데 이게 웬일이에요. 글쎄, 원님이라고 온 사람은 아직 수염도 안 난 조그마한 사내아이였어요.

"저렇게 어린 아이가 어떻게 고을을 다스리겠나."

"아이고, 이제 우리 마을은 망했네."

마을 사람들은 어린 원님을 보고 크게 실망을 했어요. 어린 원님이 고을을 잘 다스릴 수 있을지 걱정이 됐던 거예요. 새 원님이 탐탁지 않은 건 벼슬아치들도 마찬가지였어요. 겨우 열 살밖에 안 된 어린 사내아이의 명령을 따르게 되었으니 얼마나 자존심이 상했겠어요.

새 원님이 오신 뒤로 마을은 엉망이 됐어요.

특히 시장에선 장사꾼들이 백성들에게 필요한 물건을 팔 때 제멋대로 값을 올려 받기 일쑤였지요. 마을 사람들이 관아에 가서 이르겠다고 으름장을 놓아도 장사꾼들은 아랑곳하지 않았어요. 어린 원님이 무슨 일을 할 수 있겠나 싶었던 거지요.

그러던 어느 하루, 원님의 밥상에 쌀밥 대신 멀건 보리죽이 올라왔어요. 원님은 어째서 보리죽을 올렸냐고 물었지요. 그랬더니 벼슬아치들이 이렇게 대답을 했어요.

"쌀 값이 하도 올라서 쌀을 사 먹을 수가 없을 지경입니다."

"멀쩡하던 쌀 값이 왜 올랐단 말이냐?"

원님이 묻자 벼슬아치들이 입술을 삐죽이며 대꾸했어요.

"물건 값을 올리는 건 장사꾼 마음이지요."

"하루아침에 값을 올리면 가난한 백성들은 어찌하란 말이냐!"

"정 그러시면 원님이 장사꾼들을 찾아가 쌀 값을 내려 달라고 사정하십시오."

어린 원님은 괘씸했어요. 아주 옛날부터 극심한 가뭄이 들거나, 홍수가 나지 않는 한은 쌀 값을 올리지 않았었지요. 그런데 새 원님이 어리다고 장사꾼들이 얕잡아 보고 쌀 값을 제멋대로 올려 버린 거예요.

'내가 아무리 어리다 하여도 세상의 이치를 모르지 않건만. 장사꾼들도 벼슬아치들도 내가 아는 게 없다고 생각하고 얕잡아 보는구나.'

어린 원님은 장사꾼들을 혼내 줄 방법이 없을까 고민하다가 무릎을 탁 쳤어요. 이튿날, 원님은 당장 아전을 시켜 관아 창고에 있는 쌀을 장에 내다 팔라고 했어요. 다른 장사꾼들이 쌀을 석 냥에 판다면, 원님은 관아의 쌀을 한 냥에 팔라고 일렀어요. 아전은 무슨 영문인지 몰랐지만 원님의 명을 따르기로 했어요.

"자, 쌀 사시오, 쌀!"

아전은 장터로 나가 장사를 하기 시작했어요. 그랬더니 손님이 구름처럼 몰려왔지요. 너도나도 아전이 파는 쌀을 사겠다며 줄을 섰어요. 그러자 그 모습을 본 장사꾼들이 씩씩거리며 달려왔답니다.

"여보시오, 우리가 쌀을 석 냥에 팔고 있는데, 그쪽에서 값을 한 냥으로 내려 버리면 어찌하오?"

"얼마에 팔든 값을 매기는 건 장사꾼 마음이잖소."

아전은 원님이 시킨 대로 시치미를 뚝 떼고 말했어요.

"그건 그렇지만……."

"그래도 너무 싼 것 같은데……."

쌀을 파는 장사꾼들은 불만스러웠지만 더 이상 군말을 할 수가 없었어요. 자기네들도 쌀 값을 내리라는 말에 똑같이 대답했었으니 별 수 있겠어요. 며칠째 사람들은 원님이 내다 파는 쌀만 사 갔어요. 다른 장사꾼들은 파리만 날려야 했지요.

원님은 슬슬 장사꾼들이 쌀 값을 내릴 거라고 생각했어요. 하지만 장사꾼들의 생각은 달랐어요. 오히려 장사꾼들은 똘똘 뭉쳐서 원님에게 본때를 보여 줄 작정이었어요.

"우리가 그 어린 원님에게 된통 당한 것 같소."

"어리다고 얕잡아 봤더니, 이대로 가만 있어서는 안 되겠구먼."

장사꾼들은 어떻게든 원님에게 골탕을 먹여 주어야겠다며 이를 바득바득 갈았지요.

"옳거니, 차라리 우리가 아예 장사를 하지 않으면 어떻겠소?"

"아무것도 팔지 말잔 소리요?"

"우리가 얼마나 중요한 존재인지 깨닫게 해 줄 필요가 있소!"

"좋소!"

그날 이후, 정말 장사꾼들이 모두 쌀 팔기를 그만두었지 뭐예요. 그리고 얼마 못 가 관아의 쌀은 모두 동이 나고 말았어요. 그날 이후 사람들은 쌀을 사고 싶어도 살 수가 없게 됐지요. 일이 이렇게 되자 사람들이 관아로 몰려와 원님에게 호소하기 시작했어요.

'감히 서로 짜고 백성들을 괴롭히려 하다니!'

어린 원님은 주먹을 꼭 쥐었어요. 그리고 이튿날, 원님은 장사꾼들을 모조리 관아로 불러들였습니다.

"쌀 값을 올려 주시겠습니까?"

"그렇지 않으면 우린 장사를 할 수가 없어요."

장사꾼들은 원님에게 도리어 큰소리를 쳤어요. 이 참에 쌀 값을 올려 받아 큰 이득을 남길 속셈이었지요. 그런데 원님이 순순히 장사꾼들이 원하는 만큼 쌀 값을 올려 주겠다고 하는 거예요. 벼슬아치들은 물론 장사꾼들까지 눈이 휘둥그레졌어요.

"원님, 가난한 백성들은 어찌 살라고 이러십니까!"

"참말 이러시면 아니 됩니다!"

벼슬아치들이 원님을 말렸지요. 하지만 원님은 웃으며 대답했어요.

"그대들이 원하는 만큼 쌀 값을 올려 주겠소. 얼마에 팔기를 원하시요?"

장사꾼들은 쌀 한 가마니에 열 냥을 받고 싶다고 했지요.

"좋소, 그렇게 하시오."

장사꾼들은 원님의 말에 짐짓 놀랐어요.

"우리가 열 냥에 쌀을 판다고 해서 이번처럼 관아의 쌀을 더 싸게 내놓거나, 어떤 식으로든 우릴 방해하면 안 됩니다."

"그리 하겠소."

어린 원님은 순순히 고개를 끄덕였어요.

"아이고, 저 어린 원님이 우리 고을을 망치는구나!"

벼슬아치들은 땅을 치며 통곡했지요.

그때였어요. 원님이 아주 엄격한 목소리로 말했어요.

"대신, 너희가 쌀 값을 올려 받았으니 나도 세금을 올려 받아야겠다. 아무도 불만이 없으렷다."

그 말에 장사꾼들은 눈이 툭 튀어나올 만큼 놀랐어요. 하지만 세금은 나라에서 정하는 것이었으니 아무런 반박도 할 수 없었지요.

"아전은 잘 들으라, 이들에게 종전보다 열 배 많은 세금을 내게 하라. 그리하여 거둬들인 세금을 가난한 사람들에게 나눠 주어라. 그러면 쌀 값이 비싸 쌀을 못 사는 백성들이 없어질 것이다."

아이고, 이게 어디 열 살짜리 꼬마가 해낸 생각이라고 할 수 있겠어요. 어린 원님의 호통을 들은 장사꾼들은 다리를 벌벌, 어깨를 덜덜, 식은땀을 뻘뻘 흘렸지요.

"원님, 원님. 열 배라니요. 알겠습니다. 쌀 값을 원래대로 받겠습니다."

그 후로도 원님은 장사꾼들이 마음대로 쌀 값을 올리지 못하게 하고, 지나치게 값을 높여 부르는 장사꾼에게는 값을 내리도록 했어요. 뿐만이 아니에요. 나중에는 장사꾼들과 힘을 모아 어려운 사람들을 돕기도 하고 심통 많은 관리들을 잘 달래서 나랏일을 누구보다 열심히 하게 만들었지요.

원님은 그 후로도 몇 년 동안 그 고을을 다스리다가, 어른이 되어 장가도 가고, 아주아주 높은 벼슬에도 올랐대요.

그야말로 작은 고추가 맵다는 말이 딱 어울리는 얘기지요?

경제원리 08

# 쌀 값을 잡은 원님의 규제

## 정부는 어떤 일을 할까요?

　시장이 항상 올바르고 공정하게 움직이는 것은 아니에요. 때때로 시장에서는 독점 기업의 횡포로 소비자 피해가 일어나기도 합니다. 정부는 이런 시장의 문제를 해결하기 위해 시장 활동에 끼어들기도 해요. 아무런 이유 없이 쌀 값을 올려 받은 장사꾼들을 어린 원님이 혼내 준 것이 바로 이런 정부의 일 중 하나이지요. 독점이나 불공정 거래를 막아 시장경제 질서를 바로 세우는 일이랍니다. 이처럼 정부는 시장에서 자원이 효율적으로 사용되고, 소비자를 보호하고, 시장을 안정시키기 위해 중요한 역할을 합니다.

## 정부의 규제는 어떤 영향을 끼칠까요?

　하지만 정부의 규제는 여러 가지 부작용을 만들기도 해요. 지나치게 많은 규제들은 기업 활동을 어렵게 하여 기업의 경쟁력을 떨어뜨리고, 때로는 정부 관계자들이 비리를 저지르는 원인이 되기도 하지요. 결과적으로 소비자들이 선택할 수 있는 제품이 줄어들고, 기업들이 정부의 결정에 따라 물건을 더 만들거나, 적게 만드는 등 자유로운 경제활동을 할 수 없게 되는 경우도 있어요. 그래서 선진국에서는 정부의 과도한 규제를 막고 최대한 자율적인 시장경제원리대로 움직일 수 있게 하려고 애쓴답니다.

### 소득의 재분배를 위해 정부는 무슨 일을 할까요?

가난한 사람과 부유한 사람들의 재산 차이를 빈부 격차라고 합니다. 이렇게 부유한 사람과 가난한 사람 사이에 차이가 생기는 이유는 경제활동으로 받는 몫이 다르기 때문이에요. 재화와 서비스의 생산 과정에서 각자 맡은 역할과 개인의 능력, 노력의 차이 등이 그 몫을 다르게 만들지요. 이때 소득과 재산의 차이가 너무 크고 그것이 다음 세대에게까지 이어지면 개인의 노력만으로는 빈부 격차 해결이 어렵기 때문에 정부가 나서기도 합니다. 바로 소득 재분배가 이뤄질 수 있도록 정부는 가난한 사람보다 부자에게 세금을 많이 거두고 가난한 사람들의 생활비와 교육비를 지원합니다. 가난한 사람들도 최소한의 복지 혜택을 누릴 수 있게 되는 것이지요. 하지만 정부의 소득 재분배 정책은 어떤 기준으로 얼마나 세금을 걷느냐에 따라 선의의 목적과는 다른 결과를 가져오기도 하지요. 열심히 일해서 돈을 벌려는 사람들에게 경제활동에 대한 의욕을 떨어뜨리기도 하고 때로는 많은 세금을 내지 않기 위해서 소득을 제대로 신고하지 않는 사람이 생기기도 합니다.

# 로빈 후드의 화살

리처드 왕이 나라를 다스릴 때만 하더라도 영국은 아주 살기 좋은 곳이었어요. 백성들은 열심히 일했고, 왕은 늘 어떻게 하면 백성들이 편안하게 살 수 있을지 궁리했지요. 또 백성들은 왕을 존경했고, 왕도 백성들을 사랑했어요.

그런데 리처드 왕이 전쟁터로 떠난 사이, 존 왕자가 왕을 대신해 나라를 다스리게 되면서부터 나라꼴은 엉망이 되어 갔어요. 존 왕자는 포악하고 인정머리 없는 사람이었어요. 백성들은 나라를 어지럽히는 존 왕자를 내쫓고 다시 리처드 왕을 불러들여야 한다고 말했지요.

"흥, 내가 이 자리를 내어 줄 것 같으냐?"

어느 날 리처드 왕이 전쟁터에서 적군의 화살에 맞아 전사했다는 소식이 도착했어요. 존 왕자는 리처드 왕이 돌아오지 않을 것이 기뻤지만, 한편으로는 사람들이 리처드 왕의 용맹스러운 죽음을 칭송할 것이 배가 아팠어요. 자신은 전쟁에 나가는 것이 무서웠던 거지요. 그래서 존 왕자는 리처드 왕이 전쟁터에서 싸우지 않고 도망치다가 끔찍하게 죽었다고 소문을 퍼뜨리도록 했어요. 입 바른 소리를 하는 사람들은 감옥에 보내거나 죽여 버렸지요.

존 왕자는 하루 종일 놀고, 먹고, 마시고, 즐길 생각만 했어요.

"당장 파티를 열어야겠다. 새로 입을 옷이 필요하니 가장 화려하고 아름다운 옷을 준비하도록 하라."

"폐하, 계속되는 가뭄으로 백성들의 생활이 어려워졌습니다."

"그러면 농사를 짓지 말라고 해."

"폐하!"

"아, 시끄럽다. 오늘 저녁 파티에는 뭘 신으면 좋을까. 어제 산 구두는 마음에 들지 않아. 새 구두를 대령하라고 해라."

존 왕자는 백성의 생활에는 관심이 없었어요.

존 왕자는 오로지 세금을 많이 거두어 들여서 흥청망청 파티를 열고, 옷을 사고, 보석을 사 모으기 바빴지요.

"여봐라, 당장 가서 백성들에게 세금을 거두어 오너라."

"폐하, 엊그제도 세금을 거둬들였는데 이번에는 뭐라고 하고 세금을 거두어야 할까요?"

존 왕자는 당연하게 말했어요.

"엊그제 거둬들인 것은 사람이 내야 할 세금이고, 이번에 거두어들일 세금은 물건이 내야 할 세금이다. 물건 값에도 당연히 세금이 포함되어 있다는 걸 모르느냐?"

"예, 폐하."

존 왕자는 물을 마실 때도, 물건을 살 때도, 여행을 갈 때도, 심지어 마을의 광장을 이용할 때도, 교회에 갈 때도 세금을 내라고 했어요. 백성들의 생활은 날이 갈수록 어려워 졌지요. 하지만 존 왕자는 멈추지 않았어요.

"이 나라의 국민이라면 당연히 세금을 내야 한다. 내 말이 틀렸느냐?"

존 왕자는 외국에서 물건을 사 오면 엄청나게 비싼 세금을 내게 했어요. 금화 한 냥을 주고 사 온 물건에 금화 한 냥의 세금을 더 내게 했지요.

물건 값과 맞먹는 세금을 내게 한 거예요. 뿐만이 아니었어요. 존 왕자는 당나귀가 방귀를 뀔 때마다 방귀세라는 걸 내게 했고, 뚱뚱한 사람들에겐 비만세를 내게 했어요. 또 수염이 긴 사람들에게는 수염세를 내게 했고, 머리카락이 긴 사람들에게는 머리카락세를 내게 했어요.

사람들은 몹시 힘들어 했어요. 하지만 존 왕자는 이렇게 말했어요.

"세금을 내는 건 국민의 의무이다. 나는 국민이 낸 세금으로 국민을 더 잘살게 해 주려는 것일 뿐이야."

"하지만 세금을 너무 많이 거두어들이는 게 아닐까요, 폐하."

신하들이 물으면 존 왕자는 이렇게 말했습니다.

"세금이 없다면 당장은 좋겠지. 더 큰돈을 벌 수 있을 테고, 물건도 싸게 살 수 있겠지. 하지만 잘 생각해 보거라, 과연 그게 좋은 일일까?"

"뭐가 문제인가요?"

"세금이 없어지면 나라는 국민을 위해 아무것도 해 줄 수 있는 일이 없어진다. 생각해 보아라. 나라를 지키는 군인들의 월급은 누가 주느냐? 바로 세금으로 주는 것이 아니냐. 또 세금이 없으면 학교는 누가 짓고, 길은 누가 만들겠느냐. 그렇지 않겠느냐?"

신하들은 아무 대꾸도 할 수 없었어요.

원래 리처드 왕은 국민들이 낸 세금으로 존 왕자의 말처럼 학교도 짓고 길도 만들었어요. 어려운 백성들을 도와주기도 했지요. 그러기 위해서 세금을 거둔 것이었으니까요.

**로빈 후드의 화살**

"하지만 폐하께서는 그렇게 거둔 세금을 오로지 폐하가 먹고, 마시고, 노는 데 쓰고 계시잖습니까."

한 신하가 조심스럽게 말했어요. 그러자 존 왕자는 눈을 부릅뜨더니 당장 그 신하를 감옥에 처넣으라고 소리쳤지요.

"저 놈을 당장 사형시켜라!"

존 왕자는 뻔뻔하게도 국민이 세금을 내는 것은 당연하다고 하면서, 국가가 해야 할 일은 하나도 해 주지 않았어요.

그러던 어느 날의 일이에요. 한 농부가 사슴을 사냥하려다 존 왕자에게 붙잡혔어요. 농부는 배가 고파서 사슴을 사냥한 것인데, 하필 그 사슴이 쓰러진 곳이 존 왕자의 땅이었지 뭐예요. 존 왕자는 칼을 휘두르며 자기 땅에서 사냥을 한 벌로 농부를 죽이겠다고 했지요.

그런데 갑자기 어디선가 화살이 날아와 농부를 겨눈 존 왕자의 칼을 떨어뜨렸어요. 당황한 존 왕자는 화살이 날아온 쪽을 돌아보았지요.

"넌 누구냐!"

"저는 리처드 왕과 함께 십자군 원정을 떠난 존 후드의 아들입니다."

로빈 후드는 자신의 이름을 밝히며 농부를 풀어 주지 않으면 이번에는 존 왕자에게 화살을 쏘겠다고 했어요. 존 왕자는 덜덜 떨며 대답했지요.

"좋아, 농부를 풀어 주겠어."

그렇게 해서 농부는 무사히 도망쳤지만, 이 일로 로빈 후드는 왕자에게 쫓기는 신세가 되고 말았어요. 로빈 후드는 노팅엄의 셔우드 숲으로 숨어들었지요.

그 무렵 셔우드 숲에는 존 왕자의 횡포 때문에 살던 터전을 버리고 도망쳐 들어온 사람들이 많았어요. 로빈 후드는 그들과 금세 친구가 되었지요.

"우리 왕자의 세금 마차를 빼앗아 버릴까?"

"그래, 그 돈을 가난한 사람들에게 나눠 주자."

어느 날 로빈 후드는 사람들과 함께 셔우드 숲에 숨어서 존 왕자의 세금 마차가 지나가기를 기다렸어요. 저 멀리 타닥타닥 마차 소리가 났지요. 로빈 후드 일행은 세금 마차가 다가올 때를 기다려 활을 쏘았어요.

"야호, 우리가 세금 마차를 빼앗았어!"

로빈 후드는 방귀세, 비만세, 수염세, 머리카락세처럼 부당하게 걷힌 세금을 빼앗아 가난한 사람들에게 모두 나누어

주었어요. 세금 마차를 빼앗겨 화가 머리끝까지 난 존 왕자는 로빈 후드를 잡아오면 거액의 현상금을 주겠다고 약속했지요. 방방곡곡에 로빈 후드의 얼굴이 그려진 벽보를 붙이기까지 했어요. 하지만 로빈 후드를 존 왕자에게 데려가겠다는 사람은 아무도 없었답니다.

# 나라 살림에 필요한 세금

경제원리 09

## 정부는 어떤 일을 할까요?

정부는 다양한 역할과 의무를 가지고 있어요. 그중 경제주체로서는 국민 생활의 질을 높이기 위한 노력을 하고, 기업의 생산성을 높일 수 있도록 시장을 보호하지요. 무엇보다 기업 활동이 활발해야 많은 일자리를 만들 수 있고, 시장에서 충분한 소비가 일어나야 정부도 필요한 세금을 거둬들일 수 있어요.

또 사람들이 시장경제 활동을 통해 얻은 재산을 안전하게 지키는 일도 정부가 해야 하는 일이지요. 바로 이런 일을 하기 위해 정부는 세금을 거두어 들여요. 정부는 사람들로부터 거두어들인 세금을 이용해서 각종 공공재 및 교육 시설, 철도, 도로, 항만, 병원, 우체국 등 사회에 꼭 필요한 시설을 만들어 사람들에게 재화와 서비스를 제공한답니다.

## 정부는 세금을 어디에 쓰나요?

"이 나라의 국민이라면 당연히 세금을 내야 한다." 존 왕자는 이렇게 말하며 백성들에게 어마어마한 세금을 거둬들이지요. 물론, 존 왕자의 말이 틀린 것은 아니에요. 한 나라의 국민이라면, 당연히 세금을 내야 할 의무가 있지요.

　세금은 정부가 나라살림을 하는 데 꼭 필요한 돈이에요. 나라를 지키는 일, 도로를 만드는 일, 교육서비스를 제공하는 일, 의료 보험으로 가난한 사람들의 병원비 부담을 줄여 주는 일 등 거의 모든 공공 서비스에 세금을 쓴답니다. 그러나 정부가 너무 많은 세금을 매기면 국민들이 가난해지고 로빈 후드와 같은 사람들이 나타난답니다.

　로빈 후드가 활시위를 당기게 된 것은 존 왕자가 세금을 나라살림에 쓰지 않고 자신의 이익을 채우는 데만 썼기 때문이에요. 그런데 로빈 후드가 존 왕자가 쓰게 될 세금을 가로채서 어려운 사람들을 도와주기는 했지만, 도둑질을 해 세금을 빼앗은 것은 옳지 않은 일이지요. 정당한 노력이나 대가 없이 부자가 되었다면, 그 뒤로 아무리 착한 일을 한다고 해도 잘못된 행동이 옳은 일이 될 수는 없어요.

## 물건 값에도 세금이 포함되어 있다고요?

　세금은 돈을 벌 때도 내지만, 쓸 때도 내야 하는 돈이에요. 세금은 돈을 많이 버는 사람일수록 많이 내야하고, 적게 버는 사람일수록 적게 내지요. 돈을 아주 적게 번다면 세금을 내지 않도록 해 주기도 해요. 이러한 세금은 직접세와 간접세로 나눌 수 있어요.

　직접세는 직접 번 돈에 대한 세금을 말해요. 월급을 받거나, 장사를 해서 돈을 벌면 그 돈에 해당하는 세금을 내야 하는데, 이러한 세금을 직접세라고 해요. 그리고 물건을 살 때도 우리는 세금을 내고 있답니다. 이것은 물건을 만들거나 판매한 상인 대신 내는 세금이라고 해서 간접세라고 불러요. 간접세로는 물품세, 부가가치세, 특별소비세, 관세 등이 있지요. 간접세는 물건을 사는 사람이 부자든 가난한 사람이든 구분하지 않고 똑같이 내야 하는 세금이에요.

# 소설 유토피아

　런던의 템스 강 북쪽 기슭, 타워 힐이라고 부르는 낮은 언덕에 런던탑이라는 건물이 있어요. 런던탑은 원래 왕궁으로 사용되던 곳이었지요. 영국의 왕들은 대관식을 할 때면 런던탑에서 출발해 성까지 이어지는 행렬을 했답니다.

　그런데 런던탑은 왕궁보다 감옥으로 더 유명해졌어요. 그 이유는 토머스 모어라는 정치가이자 학자가 갇혀 있다가 사형을 당했기 때문이에요.

　영국의 왕이었던 헨리 8세는 토머스 모어를 눈엣가시처럼 싫어했어요. 그가 늘 입바른 소리만 하기 때문에 성가셨던 거예요. 헨리 8세는 토머스 모어를 감옥으로 보내 버리고 싶었지만, 차마 백성들의 눈 때문에 그럴 수가 없었어요. 그래서 그를 몰래 런던탑 꼭대기에 가두어 버렸답니다.

모어는 탑에 갇힌 채로 문지기의 감시를 받아야만 했어요. 문지기는 모어가 어떤 사람인지 전혀 알지 못했지요.

"나를 원망하지 마시게. 나는 자네가 도망치지 못하도록 지켜야만 한다네."

"괜찮소."

토머스 모어는 모든 것을 담담히 받아들인 눈빛이었어요. 문지기는 토머스 모어처럼 착해 보이는 사람이 무슨 죄를 지은 것인지 궁금했어요.

"헌데 자네는 왜 감옥에 오게 되었나?"

문지기가 묻자 토머스 모어는 눈을 감고 생각에 잠겨 말했어요.

"나는 변호사의 아들로 태어나 별 어려움 없이 자랐다오. 나 또한 아버지처럼 변호사가 되기 위해서 법 공부를 했지. 그렇게 법관이 되었고 그게 당연하다고 생각했었다네. 그런데 어느 날 플랑드르에 가게 되었다오."

"플랑드르? 그곳은 어떤 곳이요?"

토머스 모어가 다녀온 플랑드르는 프랑스가 다스리고 있던 지역이었어요. 플랑드르 사람들은 뛰어난 모직 기술을 가지고 있어서 영국에서 수입해 온 양털로 옷감을 만들어 다시 여러 나라로 수출을 했어요. 플랑드르 사람들의 대부분은 모직을 팔아 번 돈으로 살아가고 있었지요.

그런데 어느 날, 영국에서 나는 양털을 플랑드르로 수출할 수 없다는 법이 생기고 말았습니다. 플랑드르는 영국 양털의 최대 수출대상국이었는데 말이지요.

사정은 이랬습니다.

영국의 왕 헨리 8세는 백년전쟁에서 프랑스에 패하면서 플랑드르에 양모를 팔지 않겠다고 선언했어요. 영국 양털로 옷감을 만들어 돈을 버는 플랑드르가 못마땅했던 거지요. 양모를 팔지 않아 플랑드르 사람들을 경제적으로 어렵게 만드는 것이 프랑스에 대한 하나의 복수라고 생각한 거예요. 그런데 오히려 난리는 영국에서 났지 뭐예요.

"국왕 폐하, 양모를 팔지 못하니 농민들의 생활이 어려워지고 있습니다."

"제발 양모를 팔 수 있게 해 주세요."

"흥, 나는 절대 플랑드르에 양모를 팔지 않을 거야."

사람들은 발을 동동 굴렀지만 헨리 8세의 고집을 꺾을 수는 없었습니다. 그 사이, 가난한 사람들은 더욱 살기가 힘들어졌지요.

백성들이 아우성을 치자 헨리 8세는 양털 수출을 못 하게 하는 대신, 영국 안에서 옷감을 직접 생산할 수 있도록 사람들에게 모직 기술을 배우게 했어요. 얼마 후, 영국에서도 모직물을 팔아 큰돈을 버는 사람들이 하나 둘 생겨났지요. 그랬더니 이번에는 더 큰 문제가 생겼어요. 모직물을 만들어 돈을 벌려는 사람들이 많아져서 더 많은 양털이 필요해진 거예요. 양털을 찾는 사람이 많아지자 양털 값은 계속 올랐지요.

"가만, 이 땅에다 양을 키우면 더 큰돈을 벌 수 있는데, 농사는 왜 짓는 거야?"

귀족들은 농민들을 내쫓고 농사짓던 땅에 울타리를 치기 시작했어요. 그리고는 그 땅에 양을 풀어 놓았습니다. 귀족들의 욕심은 끝이 없었어요. 더 넓은 땅에 더 많은 양을 풀어 놓기 위해 거의 모든 농민들을 내쫓았습니다.

그렇게 쫓겨난 사람들은 농사지을 땅이 없어 거지가 되어 거리를 떠돌거나, 굶어 죽거나, 도둑질을 하다 붙잡혀 감옥에 가게 됐습니다.

"양이 사람 잡네!"

"사람이 키우는 가축이 사람을 내쫓다니!"

농민들의 생활은 엉망이 됐습니다. 양털로 모직물을 직접 생산하여 수출을 한 덕분에 큰돈을 벌 수 있게 됐지만, 그 돈은 모두 귀족

소설 유토피아 **107**

들의 차지였지요. 대부분의 백성들은 전보다 더 가난하고 힘든 생활을 하게 됐습니다.

하지만 귀족들은 그런 것에는 아랑곳하지 않았습니다. 귀족들은 어떻게 하면 더 많은 돈을 벌 수 있을까 궁리만 했습니다. 결국 가난한 농민들은 농사를 포기하고 도망칠 수밖에 없었지요.

그런데 농민들이 농촌을 떠나자 심각한 문제가 생겼습니다. 농사를 짓지 않으니 곡물 값이 하늘처럼 치솟기 시작한 것입니다.

"밀이 너무 비싸서 살 수가 없소."

"배가 고파 죽을 것 같아요!"

그 피해는 모조리 가난한 사람들의 몫이었습니다. 가난하니 비싸진 곡식을 사 먹을 수가 없게 됐고, 굶어 죽어가는 사람들이 늘어날 수밖에 없었죠.

이 모습을 지켜보던 토머스 모어는 나라가 백성들을 위해 할 수 있는 일과 반드시 해야 할 일이 무엇인지 생각하게 됐습니다. 그리고 고민 끝에 《유토피아》라는 책을 쓰게 됐지요. 바로 이 책 때문에 토머스 모어는 런던 탑에 갇히게 된 것이었어요.

"그 책은 어떤 내용이요?"

감옥의 문지기가 물었습니다.

 "히들로디라는 늙은 선원이 풍랑을 만나 바다를 떠돌다가 어떤 섬을 발견하게 된다오. 그 섬은 아주 따뜻하고 살기 좋은 곳이었지. 그 섬에 사는 사람들은 귀족과 평민을 따로 구분하지 않는다오. 그곳에서는 누구든 열심히 일하면 일한 만큼의 대가를 받을 수 있는 행복한 나라였지. 또 그 섬에 사는 사람은 남자든 여자든 차별 없이 일할 수 있고, 어린이는 누구나 학교에서 공부할 수 있고, 누구나 농사짓는 기술도 배울 수 있다오."

 모어의 말을 들은 문지기는 입맛을 다시며 물었습니다.

 "세상에 그런 곳이 정말 있기는 한 것이오?"

 "이 세상 어딘가에는 있을 수도 있을 것이오. 다만, 우리가 찾지 못했을 뿐이지."

 "그 섬의 이름이 대체 무엇이오?"

 "그곳은 유토피아라고 한다오."

 이튿날, 날이 밝자 모어를 단두대로 끌고 오라는 명령이 떨어졌습니다.

소설 유토피아 **109**

애가 탄 문지기는 모어에게 잘못을 뉘우친다고 말하라고 했습니다. 그러면 아무리 지독한 왕이라 할지라도 사형은 시킬 수 없을 거라고 했지요. 하지만 모어는 고개를 가로저었습니다.

"나는 잘못한 게 없소."

"거짓으로라도 잘못했다고 하시오. 그렇지 않으면 아까운 목숨을 잃게 될 것이오."

"싫소. 내가 바라는 유토피아에서는 잘못을 저지른 자는 벌을 받고, 선량한 사람은 법의 보호를 받으며 살 수 있다오. 나는 죽어서 유토피아로 갈 것이오."

결국 모어는 사형을 당하게 되었습니다. 하지만 모어가 쓴 책은 프랑스와 영국 등 전 유럽에 유행처럼 퍼지게 됐지요. 이 책을 읽은 많은 사람들은 모어가 꿈꾼 세상처럼 살기 좋은 세상을 바라게 됐습니다.

# 플랑드르의 수입과 수출

경제원리 10

## 무역은 왜 하나요?

무역을 하는 이유는 서로 이익을 보기 때문이에요. 어느 한 나라가 국민들이 필요로 하는 모든 재화를 스스로 생산하려고 할 때, 우리는 이 나라를 자급자족 국가라고 합니다. 역사적으로 자급자족 국가들은 다 못살았습니다. 그것은 한 나라 안에서 국민들이 원하는 재화를 모두 생산할 수 없을 뿐만 아니라 생산하더라도 그 생산량이 충분하지 않기 때문이지요. 그에 비해 한 나라가 가지고 있는 장점을 살려 하나의 재화를 특화할 경우, 그 재화를 굉장히 많이 생산할 수 있게 됩니다.

이렇게 특화해 생산한 재화는 다른 나라의 특화된 재화와 교환할 수 있지요. 두 재화를 모두 생산하고 소비하는, 즉 자급자족하는 나라보다 훨씬 풍요로운 생활을 누릴 수 있게 됩니다. 다른 나라 역시 마찬가지지요. 결국 두 나라 국민 모두 이익을 보는 것입니다.

플랑드르는 영국에서 양털을 수입해 옷감을 만들었지요. 플랑드르의 옷감은 특화된 재화로 플랑드르 사람들은 세계로 옷감을 팔아 돈을 벌었어요. 우리나라의 경우, 삼성전자는 반도체와 스마트폰에, 현대자동차는 자동차에 특화되어 있는 기업으로 이 제품들을 여러 나라에 수출하고 있지요.

토마스 모어의 유토피아는 '귀족과 평민을 구분하지 않고, 누구든 열심히 일한 만큼의 대가를 얻을 수 있는 나라'지요. 자유시장경제체제의 나라가 경제활동의 자유를 보장하여 누구든 일한 만큼 돈을 벌 수 있도록 하는 것과 같아요. 따라서 자유시장경제체제에서는 정당한 이유 없이 나라에서 무역을 금지시킬 수 없고, 누구든 특화된 재화를 자유롭게 만들어 팔아 이익을 얻을 수 있답니다.

## 무역하는 나라들은 어떤 관계가 있을까요?

무역을 하는 국가 간에는 협약, 조약과 같은 약속을 정하여 국내 산업을 보호하고 더 많은 수출을 할 수 있도록 해요. 자기 나라의 산업을 보호하기 위해 국가에서 여러 가지 제도를 만드는 무역 방법을 '보호무역'이라고 하고, 반대로 어떤 제품이든 마음대로 수입, 수출할 수 있도록 하는 무역 방법은 '자유무역'이라고 하지요.

19세기에는 대부분의 나라에서 자유무역 보다는 보호무역의 방식으로 무역을 했어요. 하지만 오늘날 산업이 발전하고 국가 간의 경계가 낮아지면서 제품 자체의 경쟁력을 높이고 더 많은 수요를 창출할 수 있도록 하는 자유무역을 더 선호하고 있어요. 자유무역 덕분에 각 나라의 무역 이익이 증가해 세계 각국의 경제는 크게 성장할 수 있었답니다.